集合住宅の
騒音防止設計 入門

NPO法人建築音響共同研究機構 編

安藤啓　中川清　縄岡好人　平松友孝　益田勲　吉村純一　渡邉秀夫　綿谷重規 著

学芸出版社

まえがき

　集合住宅では、壁や床などを介して隣人の住居と接して住んでいるので、特に生活騒音が聞こえやすい構造になっているのが実情です。また、集合住宅の壁や床は、事務所やホテルなどの建物と比較して遮音性能の良い構造を採用している場合が多いのですが、その使い方によっては騒音問題が発生する場合もあります。

　集合住宅ではこのような建物内外で発生する騒音をできるだけ少なくするように遮音設計がなされていますが、その場合でも近隣からの騒音がまったく聞こえない状況を保証しているわけではありません。

　さらに、問題となる騒音源としては、居室を取りまく上下左右の部屋からの生活騒音以外にも、共用設備などから生じる設備騒音、屋外の道路交通騒音や鉄道騒音など各種あります。そのような状況から、集合住宅では騒音のトラブルが多発しているのが現状です。

　本書では、こうした騒音の問題に対して「トラブルをなくしたい」とか「簡単に解決したい」と考えている設計者や施工者に向けて、その対応策をできるだけやさしく示し、かつまた気をつけなければいけない事項を重点的に防止設計方法としてまとめています。

　騒音防止設計の基本となる目標値の設定は、2016年に日本建築学会から発行された『集合住宅の遮音性能・遮音設計の考え方』(以降、本書では日本建築学会の「考え方」と記す)に基づいています。騒音の問題はこの目標値を満足していれば十分かというと、そうでもない側面も持ち合わせていて、居住者の住まい方や生活習慣の違いによって発生する場合もあるため、それらの注意点についてもできるだけ丁寧に紹介しています。

　NPO法人建築音響共同研究機構では、集合住宅の騒音に関する多くのトラブル事例やノウハウを蓄積しています。そこでそれらを結集して、音の

基礎知識から、目標値の考え方、集合住宅で発生しやすい騒音の問題と防止設計法をできるだけ平易に記述しました。

　本書は、Ⅰ部の「音の基礎知識」とⅡ部の「騒音の発生メカニズムと防止設計」で構成されています。Ⅰ部では、1章「音の種類と特性」、2章「材料の音響特性」、3章「遮音性能と評価」について解説しています。特に3章では先に述べた日本建築学会の「考え方」に基づく新しい評価法を紹介しており、今後の指標となるような考え方を示しています。

　Ⅱ部では、4章「屋外騒音の防止設計」、5章「生活騒音の防止設計」、6章「設備騒音の防止設計」について解説しています。各章では、騒音の種類に応じた防止設計法を、多くの実務経験から得たノウハウをもとに紹介しています。

　本書が、これから集合住宅を設計しようとしている技術者にはもちろん、現に騒音のトラブルを抱えている方にも活用していただけることを期待しています。

2017年8月
NPO法人建築音響共同研究機構出版部会

もくじ

まえがき　3

I部　音の基礎知識　9

1章　音の種類と特性　11

- 1.1　音の聞こえ方　12
- 1.2　音の表示方法　15
- 1.3　騒音の定義と種類　20
- 1.4　空気伝搬音と固体伝搬音　23

　　コラム①　騒音防止設計では防げない生活騒音　25
　　コラム②　コンクリートは音も水も抜けていく　26

2章　材料の音響特性　27

- 2.1　遮音材料　29
- 2.2　吸音材料　40
- 2.3　防振材料　45
- 2.4　制振材料　47

　　コラム③　サッシや換気口の性能も大切だが、室内の吸音も　49
　　コラム④　二重壁には太鼓現象がつきもの　50

3章　遮音性能と評価 ……… 51

- 3.1　性能水準の考え方　52
- 3.2　室間遮音性能と評価方法　53
- 3.3　床衝撃音の遮断性能と評価方法　58
- 3.4　室内の静けさと評価方法　62

　コラム⑤　集合住宅での普通の生活とは　65
　コラム⑥　太陽は不思議な音を発生させる　66

II部　騒音の発生メカニズムと防止設計　67

4章　屋外騒音の防止設計 ……… 71

- 4.1　道路交通騒音　73
- 4.2　鉄道騒音　77
- 4.3　地下鉄騒音　79

　コラム⑦　騒音源とは別のところから騒音が聞こえる？　84

5章　生活騒音の防止設計 ……… 85

- 5.1　界壁の遮音　86
- 5.2　話し声、テレビの音、ステレオの音　93
- 5.3　重量床衝撃音　96
- 5.4　軽量床衝撃音　100

5.5	浴室からの落下音　104
5.6	トイレからの放尿音　107
5.7	トイレなどの排水音　110

　コラム⑧　お互い様では済まされない床衝撃音　115

　コラム⑨　コンクリート壁に鉛シートを貼っても遮音は改善できない　116

6章　設備騒音の防止設計　117

6.1	給水設備の音　119
6.2	給湯設備の音　124
6.3	ディスポーザー、排水処理槽の音　126
6.4	送風機の音　129
6.5	自動扉の音　132
6.6	空調室外機の音　135
6.7	受変電設備の音　137
6.8	エレベーターの音　139
6.9	駐輪設備の音　144
6.10	機械式駐車設備の音　147
6.11	電動シャッターの音　153

　コラム⑩　気になる純音成分の設備系騒音　156

　コラム⑪　暗騒音によって音の聞こえ方は変わる　157

I 部

音の基礎知識

ptions

1章

音の種類と特性

1.1 音の聞こえ方

1.1.1 音の性質

ある時刻における空気の密度変化（音波）と音圧の変化を図1.1に示す。疎密の繰り返しによる圧力の変化をその点における音圧［Pa］という。

また、疎密の間隔を波長［m］、1秒間に疎密が繰り返す回数を周波数［Hz］、1秒間に進む距離を音速［m/s］という。音速は気温15℃で約340m/sである。

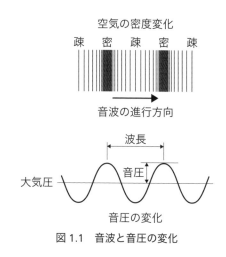

図1.1　音波と音圧の変化

1.1.2 可聴周波数

正常な聴力を持つ人が耳に感じる音を可聴音という。可聴音には周波数に限界があり、その範囲はおおよそ20～20000Hzである。

また、可聴周波数範囲の上限を超えた音を超音波、下限以下の音は超低周波音という。なお、我が国ではおおむね100Hz以下の音を低周波音と呼ぶ。

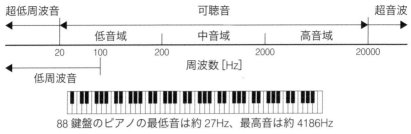

図 1.2　可聴周波数

1.1.3　音の高さ

人の耳に感じる音の高さは周波数に対応している。周波数は 1 秒間に疎密を繰り返す回数を示すもので、回数が多いほど高い音と感じる。

1.1.4　音の大きさ

音の強さに対する人の感覚を音の大きさ（ラウドネス）といい、音の大きさのレベルは、その音と同じ大きさに聞こえる 1000Hz の音の音圧レベル（1.2.3 項、p.16 にて後述）で表され、単位は phon（フォン）である。

ISO 226:2003 には、音の大きさのレベルが等しい点をプロットした等ラウドネス曲線が示されている（図 1.3）。

音の大きさのレベルは周波数によって異なり、レベルが小さい音の場合は周波数が低くなるほど、等ラウドネス曲線の音圧レベルは大きくなり、人の感度は低下するが、レベルが大きい音の場合には周波数によらず平坦となる。

また、4000Hz において音の大きさのレベルは最小（人の感度が最もよい）となる。

人が聞きとることができる音の強さには限界があり、その下限を最小可聴値、上限を最大可聴値といい、音圧レベルで表す。音圧を上げていくと 120dB を超えたあたりから耳に触感、不愉快感を知覚するようになり、おおよそ 130dB（最大可聴値）を超えると痒み、痛みを知覚して、もはや音

として知覚しなくなる。最大可聴値は周波数によって大きな差はない。一方、最小可聴値は、図1.3に示されているように周波数によって大きく異なる。

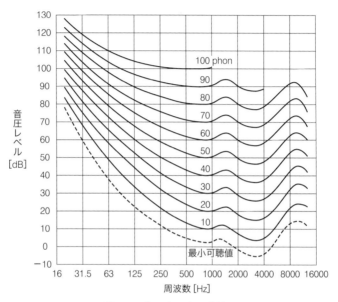

図1.3 等ラウドネス曲線

1.1.5 マスキング

他の音の存在によって最小可聴値が上昇する現象をマスキングといい、マスキングによって元の音が聞き取りにくくなるまたは聞き取れなくなる現象をマスキング効果という。深夜に室内が静かになると日中は気づかなかった小さな音が聞こえてきたり、雑踏の中で携帯電話が聞こえにくくなるのは、マスキング効果の例である。

1.2 音の表示方法

1.2.1 レベル

日本においては、計量単位の規定など計量に関する事項を定める法律として計量法が 1993 年に改正施行された。同法において、音圧および振動の大きさを表す量として音圧レベルと振動加速度レベルが示され、単位としてデシベル、単位記号として dB が定められている。

ある量とその量の基準量との比の対数をレベルという。10 を底とする常用対数で表した場合、ベルという単位を用い、単位記号は B である。なお、デシベル（dB）はベルの 1/10 の単位である。

人が音として感じる音圧の範囲は極めて広く、最大音圧と最小音圧のエネルギー比は 10^{12} 以上にもなる。デシベル表示は、人の音の大きさに対する感覚が刺激の強さの対数に比例するので合理的であり、また大きな桁数を扱わずに済むため便利である。

1.2.2 実効値

図 1.4 に示すように、音圧は大気圧を中心として正と負に変化する。このような変化量を表す場合には、最大値ではなく瞬時値の 2 乗平均値である実効値が用いられる。正弦波の場合には、実効値は最大値の $1/\sqrt{2}$ になる。

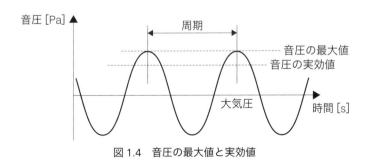

図 1.4　音圧の最大値と実効値

1.2.3　音圧レベル L_p

音圧レベルは音の物理的な大きさを表し、次式で定義される。単位はデシベル、単位記号は dB である。

$$L_p = 10 \log_{10} \frac{p^2}{p_0^2} \qquad 式1.1$$

　　p：音圧実効値［Pa］
　　p_0：基準音圧（20μPa）

1.2.4　A 特性音圧レベル L_A

A 特性音圧レベルは、人の聴感特性を補正（1.2.7 項にて後述）した音圧レベルである。騒音レベルともいう。次式で定義され、単位はデシベル、単位記号は dB である。なお、慣用として dBA も用いられている。

$$L_\mathrm{A} = 10 \log_{10} \frac{p_\mathrm{A}^2}{p_0^2} \qquad 式1.2$$

　　p_A：A 特性音圧［Pa］
　　p_0：基準音圧（20μPa）

1.2.5　等価 A 特性音圧レベル $L_{\mathrm{Aeq},T}$

等価 A 特性音圧レベルは、ある時間範囲 T について、変動する騒音の A 特性音圧レベルをエネルギー的な平均値として表した量である。実測時間 T にわたって変動する騒音の総エネルギーと等しいエネルギーを持つ定常音の A 特性音圧レベルに相当し、次式で定義される。単位はデシベル、単位記号は dB。時間平均 A 特性音圧レベルともいう。

$$L_{\mathrm{Aeq},T} = 10 \log_{10} \left[\frac{1}{T} \int_{t_1}^{t_2} \frac{p_\mathrm{A}^2(t)}{p_0^2} \right] \qquad 式1.3$$

　　$p_\mathrm{A}(t)$：対象とする騒音の瞬時 A 特性音圧［Pa］
　　p_0　　：基準音圧（20μPa）

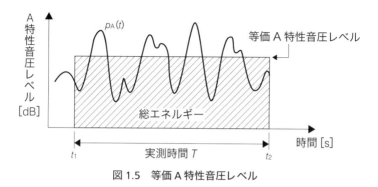

図 1.5　等価 A 特性音圧レベル

1.2.6　時間重み付け特性

時間重み付け特性とは、騒音計の指示メーターの動きに関する特性（動特性）である。耳の時間応答に近似させた「速い動特性（Fast：125ms）」と変動する騒音の平均レベルを指示する「遅い動特性（Slow：1s）」がある。

一般の騒音測定では速い動特性を用いるが、鉄道騒音については遅い動特性の使用が推奨されている。

1.2.7　周波数重み付け特性

人の音の大きさに対する感度は、等ラウドネス曲線(1.1.4 項にて前述)に示されているように周波数によって異なるので、音の大きさを表す量としては、音圧レベルは適切であるとはいえない。そこで、騒音計には周波数重み付け特性による補正回路が備えられており、それにより人の聴覚感覚により近い測定を行うことが可能となっている。

等ラウドネス曲線の 40phon の曲線に近似させた特性を A 特性、100phon の曲線に近似させた特性を C 特性という。なお、現在の騒音計には、A 特性と C 特性に加えて、より平坦な周波数特性を持つ Z（または FLAT）特性が装備されている。

A 特性音圧レベル（騒音レベル）の測定には、騒音計の周波数重み付け特性の A 特性を用いる。

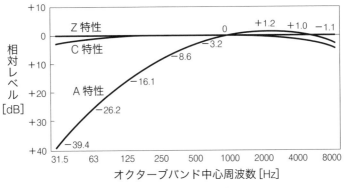

図 1.6　周波数重み付け特性

1.2.8　オクターブバンドフィルター

　決められた周波数範囲の信号は通過させ、その他の周波数範囲の信号は遮断する電気回路をフィルターといい、通過させる周波数範囲を通過帯域、通過帯域の上限および下限の周波数を遮断周波数という。

　上下の遮断周波数の比が $2^{\frac{1}{n}}$ であるフィルターの通過帯域を $1/n$ オクターブバンドといい、$n = 1$ をオクターブバンド、$n = 3$ を 1/3 オクターブバンドという。通常、音響の分野では中心周波数で表示し、オクターブバンドでは 31.5Hz、63Hz、125Hz、250Hz、500Hz、1000Hz、2000Hz、4000Hz、8000Hz が用いられる。

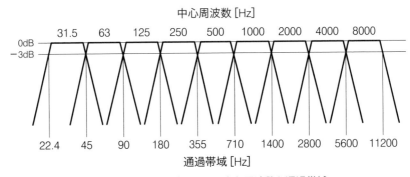

図 1.7　オクターブバンドの中心周波数と通過帯域

オクターブバンドごとにフィルターを通して求めた音圧レベルを、オクターブバンド音圧レベルという

1.2.9　暗騒音

　ある場所において特定の騒音を対象として考える場合、対象とする騒音以外のすべての騒音を、対象の音に対する暗騒音という。

　例えば、ポンプとファンが設置されている機械室で騒音を測定する場合、ポンプの騒音を測定しようとする場合にはファンの騒音が暗騒音となり、逆にファンの騒音測定が目的の場合にはポンプの騒音が暗騒音になる。

　騒音測定においては、暗騒音の影響による誤差に留意しなければならない。対象とする騒音があるときとないときのレベル差が10dB以上である場合には暗騒音の影響はほぼ無視してよいが、10dB未満の場合には暗騒音の補正が必要となる。

1.2.10　振動加速度レベル L_a

　振動の大きさの尺度には、変位 [m]、速度 [m/s]、加速度 [m/s^2] がある。このうち加速度が最も人の感覚との対応がよいとされており、振動加速度レベルが物理的な振動の大きさを表す量として計量法に定められている。

　振動加速度レベルは次式で定義され、単位はデシベル、単位記号はdBである。

　固体伝搬音（1.4.2項、p.23にて後述）の防止設計における予測計算では、音圧レベルを振動加速度レベルから換算することで求める。

$$L_a = 10 \log_{10} \frac{a^2}{a_0^2} \qquad 式1.4$$

　　a：振動加速度実効値 [m/s^2]
　　a_0：基準振動加速度（10^{-5} m/s^2）

1.3 騒音の定義と種類

1.3.1 騒音の定義

騒音とは、JIS Z 8106「音響用語」によると「不快な又は望ましくない音、その他の妨害」と定義されている。

人は周囲から耳に入ってくるすべての音に対して反応するのではなく、聞きたい音であるか不要な音であるかを脳で区別して認識している。つまり、その人に不要な音が聞きたい音に対して妨害となる場合に「ない方がよい音」と認識され、騒音となる。

騒音は各個人にとって望ましくない音であり、例えば同じ音楽演奏音に対して、この上なく心地よい音と感じる人もあれば、ない方がよい音と判断する人もいる。また、同じ人が同じ音に対して、あるときは騒音であると判断し、あるときは騒音でないと判断することもしばしば見受けられる。

このように、騒音は、音の物理的な特性よりも、聞く人の主観的、心理的な要因に大きく左右されるが、一般的には大きすぎる音、音色が不快な音などが騒音と判断されやすい。

図 1.8　快適な音と騒音

1.3.2 騒音の種類と評価量

JIS Z 8731「環境騒音の表示・測定方法」によれば、騒音はその時間的変動の状態によって、定常騒音、変動騒音、間欠騒音、衝撃騒音の4種類に分類される。

また、日本建築学会の「考え方」には、分類された騒音について、その評価量と測定方法が示されている。

これらをまとめて表1.1に示す。

表1.1 騒音の分類と評価量

種類	定常騒音	変動騒音	間欠騒音	衝撃騒音
レベル変動	変動が小さく、ほぼ一定	不規則かつ連続的にかなりの範囲にわたり変化	間欠的に発生し1回の継続時間が数秒以上	継続時間が極めて短い
騒音源の例	ポンプなどの設備機器	道路交通騒音	鉄道騒音	工場のプレス機扉の開閉音
評価量	時間平均A特性音圧レベル	時間平均A特性音圧レベル	時間重み付け特性Slowによる最大A特性音圧レベル	時間重み付け特性Fastによる最大A特性音圧レベル
測定方法	測定時間を10秒間～1分間程度とした測定値	対象とする測定時間帯において測定時間を5～10分間程度として複数回測定した値のエネルギー平均値	測定対象とする時間帯において発生のつど複数回測定した値のエネルギー平均値	測定対象とする時間帯において発生のつど複数回測定した値のエネルギー平均値

1.3.3 一般的な環境騒音の目安

日常生活における一般的な環境騒音の大きさの目安を図1.9に示す。

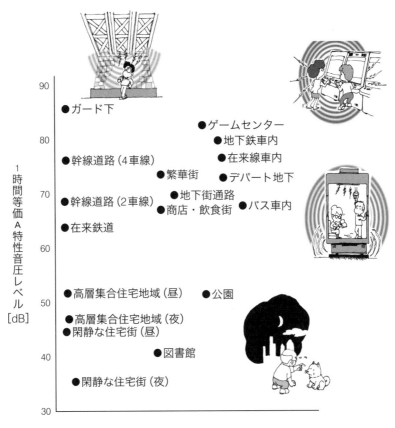

図1.9 一般的な環境騒音の目安

(出典:末岡伸一ほか「『騒音の目安』作成調査結果について」『全国環境研会誌』Vol.34、No.4、全国環境研協議会騒音小委員会、2009年)

1.4　空気伝搬音と固体伝搬音

1.4.1　空気伝搬音（空気音）

　集合住宅では建物の内外で発生した多くの騒音が居室へ伝搬してくる。これらの騒音の中で、窓から入ってくる道路交通騒音や隣室のテレビの音などは、騒音源から空気中に放射された音が空気中を伝搬してくる音であり、空気伝搬音（以降、空気音と記す）という。

図 1.10　空気音の例

1.4.2　固体伝搬音（固体音）

　建物に加えられた振動が建物構造体中を伝搬して居室まで到達し、振動する居室の床・壁がスピーカーのような役割を果たすことで室内に音を放射する。この音を固体伝搬音（以降、固体音と記す）という。

　固体音は、伝搬経路における減衰が空気音より小さく、遠くまで伝搬するのが特徴である。固体音の防止設計では、振動の遮断（防振対策）が重要であり、また放射される音のレベルは放射面の材質や下地構造によって変化することに留意が必要である。

集合住宅において屋外からの固体音で問題となるものは、主に地下鉄による固体音であるが、建物内で発生する固体音は多種多様であり、上階の歩行音や子供の飛び跳ね音、家具の移動音をはじめとして、ポンプやエレベーターなど設備機器の稼動音、給排水音、扉や窓の開閉時に発生する音などが挙げられる。

　これらの固体音の中で、上階の歩行音、家具の移動音や食器の落下音などを床衝撃音という。また、ドアや窓の開閉により発生する固体音は開閉衝撃音と呼ばれる。

　固体音は建物躯体に衝撃が加えられることで発生するが、衝撃点ではそれほど大きな音は発生しない。そのため、発生者側では固体音が発生しているという意識がないことも多くトラブルのもとになる。

図 1.11　固体音の例

コラム①

騒音防止設計では防げない生活騒音

　不快に感じたりクレームになる生活騒音（生活に伴って発生する音）には、建物の騒音防止設計では防げない音があります。サッシや襖の開閉音がその一例で、勢いよく枠にぶつかる際の衝撃により周囲の住居に固体音が発生します。サッシは勢いよく閉めることもありますが、襖の開閉と同様に多くは生活習慣によるものと考えられます。

　また、木製サンダルを履いてベランダを歩行した際に、下階住居に衝撃音が発生してクレームが生じることもあります。掛け時計の「コチコチ」という音はノスタルジックで安らぎを覚えますが、隣戸から伝搬すると気になり不快に感じるものです。さらには、夜間に洗濯機を運転することにより下階住居で「カタカタ」という音が聞こえたり、掃除機をかける際に下階住居では運転音や巾木へ衝突する音が聞こえて不快に感じることもあります。

コラム②

コンクリートは音も水も抜けていく

　一般に、コンクリートは音が透過しないし、水は漏れないと思われています。ところが、実際にはコンクリートが音を遮る度合い（遮音性能）が大きいのでそのようなイメージを持たれているにすぎません。また、コンクリート製のプールで水が漏れないのは防水処理を施しているからなのです。

　150mm 厚のコンクリート壁（比重 2.3）の遮音性能（音響透過損失）が 49dB（500Hz）であるのに対して、15mm 厚の合板の壁（比重 0.67）では 28dB（500Hz）で、およそ 21dB 大きくなります。したがって、合板の壁を透過する音は聞こえますが、コンクリート壁を透過する人の声はほとんど聞こえません。しかし、コンクリート壁であっても、大音量の楽器演奏音やステレオの再生音はハッキリと聞こえてきます。

　コンクリートに限らず、均質な材料は比重が大きく厚いほど遮音性能が大きくなる特徴がありますが、遮音性能には限界があるのです。

2章

材料の音響特性

本章で取り上げる音響材料は、以下の4種類である。

・遮音材料：空気音を遮蔽する材料（2.1 節）
・吸音材料：空気音を吸収する材料（2.2 節）
・防振材料：固体音を遮断する材料（2.3 節）
・制振材料：固体音を減衰する材料（2.4 節）

材料に対する空気音の入射・反射・吸収・透過の関係を図 2.1 に示す。

入射音のエネルギー（P_i）に対する透過音のエネルギー（P_t）の比 P_t/P_i を音響透過率 τ という。音響透過損失 R は、$R = 10\log_{10}(1/\tau)$ で求められる。吸音率 α は、1 から入射音のエネルギー（P_i）に対する反射された音のエネルギー比（P_r/P_i）を引いた値であり、内部で吸収されるエネルギー（P_a）と透過したエネルギー（P_t）が含まれる。したがって $\alpha = 1 - (P_r/P_i) = (P_a + P_t)/P_i$ と表される。

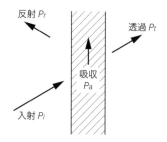

図 2.1　材料に対する音の入射・反射・吸収・透過

2.1　遮音材料

　騒音防止設計の主役をなす遮音材料は、材料選定および使用方法が的確であれば、その遮音性能が示す分（数値が大きいほど遮音性能が高い）、対象とする騒音を減らすことができる。

　一般的な壁構造の遮音性能は、JIS A 1416「実験室における建築部材の空気音遮断性能の測定方法」に規定された特殊な実験室（JISで不整形のタイプⅠ試験室（残響室）と矩形のタイプⅡ試験室を規定）で測定され、音響透過損失として表示される。また、単純な均質単板の遮音性能の周波数特性は、以下に説明する質量則とコインシデンス限界周波数によりおおよそ把握できる。

2.1.1　均質単板の音響透過損失

(1) 質量則

　質量則とは、均質単板材料の音響透過損失 R が面密度 m と音の周波数 f の積に比例する法則をいう。音が材料に垂直に入射した場合の垂直入射音響透過損失 R_0 は、$R_0 = 20\log_{10}(m \cdot f) - 43$ で求められる。面密度または周波数が 2 倍になるごとに、音響透過損失が 6dB 増加することを示している。一方、実測値との対応がよい音響透過損失 R_f は、$R_f = R_0 - 5$ で求められる。

(2) コインシデンス限界周波数

　質量則は壁が一様にピストン運動をすると仮定して導かれているが、ある大きさを持つ平面板は屈曲振動を伴うため、音響透過損失が質量則の値より低下する原因となる。

　図 2.2 に示すように、平面波が角度 θ で平板に入射した場合、板上における入射音波の音圧の山・谷と板に生じる屈曲振動の山・谷が一致するとき、

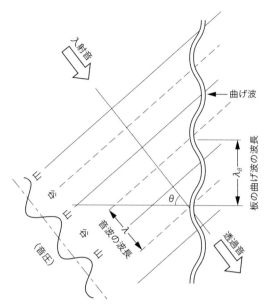

図 2.2　コインシデンス現象の概念図

表 2.1　各種均質材料の厚さごとのコインシデンス限界周波数 f_c

均質材料	厚さ [mm]	コインシデンス限界周波数 f_c [Hz]
ガラス	3	4000
	5	2400
	10	1200
普通コンクリート	100	200
	150	140
	200	100
合板	6	3600
	12	1800
	24	900
石膏ボード	9.5	3300
	12.5	2500
	21	1500

板の屈曲振動が激しくなり、それによって音の透過が急激に大きくなる。

この現象をコインシデンス現象といい、入射角度 $\theta = 90°$ の場合の周波数をコインシデンス限界周波数 f_c という。主な材料の厚さ t [mm] ごとの f_c を表 2.1 に示す。

2.1.2　二重壁の音響透過損失

質量則によれば、一重の壁で遮音性能を向上させるには壁の質量を増す必要がある。しかし、壁の質量を増すには限界があるため、二重壁構造として遮音性能の向上を図る場合がある。2 枚の板を十分な間隔を空けて独立に設置できれば、全体の音響透過損失は個々の板の音響透過損失の和に近づくため、高い遮音性能が得られる。しかし、実際には中空部の間隔はそれほど大きくできないために音響的な結合が生じ、また 2 枚の板を支持するための構造的な結合もあるので、遮音性能の向上には限界がある。これらの条件下で、二重壁の遮音性能を高めるために 2 枚の板を支持する間柱を独立させたり、中空層に吸音材料を挿入したりするなど、種々の工夫が行われる。

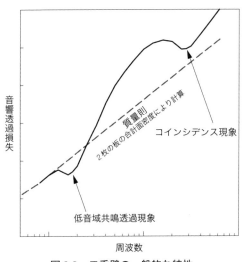

図 2.3　二重壁の一般的な特性

二重壁の音響透過損失は、図2.3に示すように2枚の板の合計面密度により計算される質量則に沿って低音域から高音域に向かって上昇するが、低音域で共鳴透過現象が生じ、中高音域で質量則を上回る二重壁としての効果が現れ、高音域ではそれぞれのボードのコインシデンス現象が現れる。

　二重壁の遮音設計では、製品カタログによる音響透過損失が一般に用いられる。なお、「音響透過損失」と「室間音圧レベル差」の関係については3.2.2項（p.54）で述べているので参考にされたい。

2.1.3　サッシの遮音性能

（1）板ガラスの種類と遮音性能

　サッシ等の開口部に使われる板ガラスは、以下の3種類に大別される。

①単板ガラス（強化ガラス、網入ガラス、型板ガラス）

②複層ガラス（断熱ガラス）

③合わせガラス（防犯ガラス）

　単板ガラスには、通常のフロートガラスの他に、強化ガラス、網入ガラス、型板ガラス（模様入り）などが含まれる。単板ガラスの遮音性能は、厚さが同じフロートガラスの質量則に従って高い周波数域ほど増加し、高音域ではコインシデンス現象による顕著な落ち込みが見られる。

　合わせガラスは、飛散防止性能が高く、防犯ガラスとして用いられる。遮音性能は単板ガラスの質量則に従うが、コインシデンス現象による落ち込みは単板ガラスよりも小さい。

　複層ガラスは、2枚の板ガラスの間に乾燥空気を封入して断熱性能を高めたガラスである。遮音性能は、図2.4に示すように中低音域で共鳴透過現象により大きく低下する。

（2）サッシの種類と遮音性能

　サッシは、板ガラスを組み込んだ障子とサッシ全体の枠とで構成される。遮音性能は音響透過損損失で表され、板ガラスの音響透過損失を基本として、可動部の隙間による低下の影響が加わり決定される。サッシの開閉形

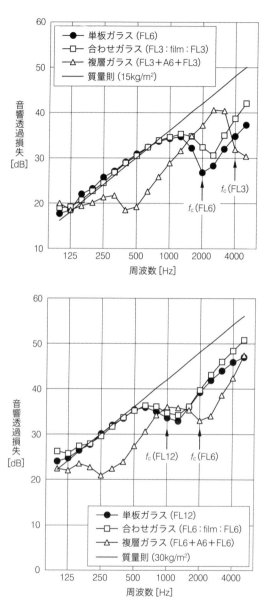

注:「FL」フロートガラス、「A」空気層厚さ（数値はいずれも厚さ [mm]）、
「＋」積層、「：」接着、「film」0.76 mm 厚さのポリビニルブチラール製の中間膜

図 2.4　面密度が等しい 3 種類の板ガラスの音響透過損失の比較

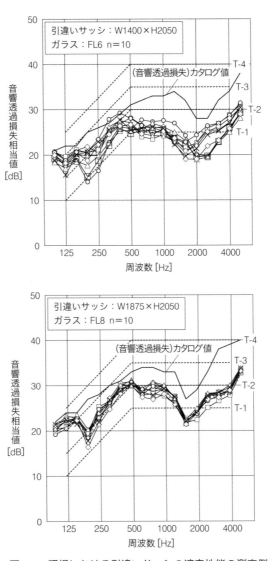

図 2.5 現場における引違いサッシの遮音性能の測定例

式には「FIX窓」「片引き窓」「開き窓」「引違い窓」などがあり、概ねこの順に可動部に隙間が生じやすく、遮音性能の高いサッシが必要な場合には独立した枠にそれぞれの障子が入る「二重窓」の構造が必要となる（2.1.4項(2)参照）。

図 2.5 は高層建物の階ごとの同じ設置条件の複数のサッシを対象として、屋内外の音圧レベル差を測定し、カタログデータと比較した例で、中高周波数域でカタログデータとの乖離が大きいことがわかる。従来のサッシでは、クレセント錠（室内側に取り付ける締め金具）により隙間を少なくする「引き分け」「引き寄せ」の機能があったが、近年のサッシにはこの機能がなくなっている。

2.1.4　サッシの遮音性能の表示方法
(1) T 等級による評価・表示方法

サッシの遮音性能を評価する方法には、JIS A 4706「サッシ」に規定された T 等級が用いられる。T 等級の評価は、音響条件が整備された実験室（残響室）で測定された 1/3 オクターブバンドごとの音響透過損失の測定値に適用される。遮音設計や現場測定ではオクターブバンドごとの値が用いられ、JIS ではオクターブバンドの音響透過損失の換算値が規定されている。

T 等級の評価に用いられる図 2.6 に示す等級曲線は、単板ガラスを想定して設定されている。近年、省エネ政策に対応する複層ガラスを組み込んだサッシが普及しつつあり、遮音設計では一般に T 等級を用いて透過音圧レベルを概算するが、複層ガラスの音響透過損失の周波数特性が等級曲線とは異なるため、適切に評価されない場合がある。この場合には、対象騒音の周波数に対して、透過音の音圧レベルを周波数別に検討した結果から評価する必要がある。

ガラス単体の測定値であるが、T 等級評価の適用例として、図 2.4 で示した単板ガラスと同じ面密度の複層ガラスの測定結果を図 2.7 に示す。単板

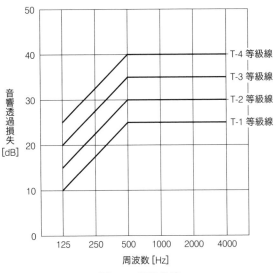

図 2.6　等級曲線

ガラスでは等級曲線に対して 2000Hz における下回りが 3dB 以内で、T-2 等級を満足している。一方、複層ガラスでは 500Hz における下回りが 3dB を越えているため、T-1 等級未満となり、単板ガラスと 2 ランクの差が生じている。

(2) 遮音性能の高いサッシが必要な場合

一重の引違いサッシで一般的に実現できる遮音性能は、T-1 等級または T-2 等級と考えられる。一重サッシで T-3 等級を表示する製品も開発されているが、現場で T-3 等級を実現する気密性を確保することは難しい。T-3 等級以上の遮音性能を確実に実現するには、間隔を 100 mm 以上確保し、障子を二重にしたサッシが有効である。具体的には、二重サッシ（2 枚の障子が共通の枠に入る）と二重窓（2 枚の障子が現場施工による独立の枠に入る）がある。

なお、居住者やデベロッパーは、二重サッシや二重窓の 2 枚の障子を開け閉めする煩わしさを敬遠する傾向が強い。この課題に対して、障子の開閉が重くなるが、1 枚の障子に厚い合わせガラスまたは合わせ複層ガラス

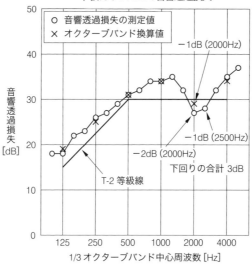

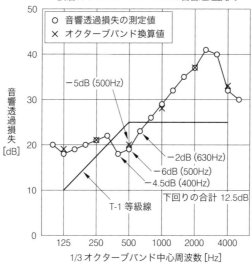

図 2.7　同じ面密度の単板ガラスと複層ガラスの遮音等級の比較

(片側または両側の板ガラスに合わせガラスを用いた複層ガラス)を組み込んだサッシも開発されている。

　図2.8は、通称ハイサッシ（高さが天井近くまである大きなサッシ）の一重サッシと二重窓の音響透過損失の測定例である。大開口のサッシでは気密性を確保しにくいが、二重窓の間隔を適切にとれば、それぞれのサッシはさほど高い遮音性能である必要はない。

　また、それぞれのサッシに組み込む板ガラスは、厚さを変えてコインシデンス現象による落ち込みの周波数が集中しないように配慮する。落ち込みにより等級線を下回る場合は、合わせガラスを用いることにより、上図の一重サッシではT-1等級がT-2等級に、下図の二重窓ではT-3等級がT-4等級に向上している。

　なお、二重サッシや二重窓による高い遮音性能のサッシを用いる場合、外壁に設置する換気設備にも防音対策が必要となり、密閉度が高く内側を吸音処理した遮音性能の高い換気口を設置する必要がある。

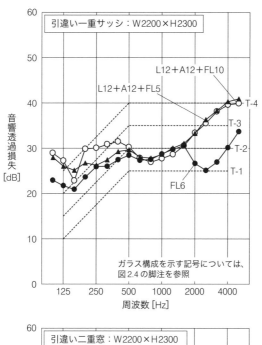

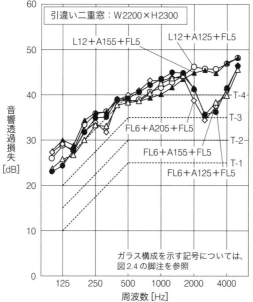

図 2.8　一重サッシと二重窓の音響透過損失の比較
(出典：日本建築学会編『集合住宅の遮音性能・遮音設計の考え方』日本建築学会、2016 年)

2.2 吸音材料

2.2.1 多孔質吸音材料

多孔質吸音材料の材質的な特徴は、グラスウールやロックウールなどの繊維系の材料では繊維間に複雑に連結された空隙があること、またウレタンなどの発泡系の材料では気泡が連続することにより適当な通気性を持っていることである。

多孔質吸音材料は、材料中で音のエネルギーが主として空気の粘性摩擦によって熱エネルギーに変化し、その結果として音のエネルギーが減衰することで吸音する。

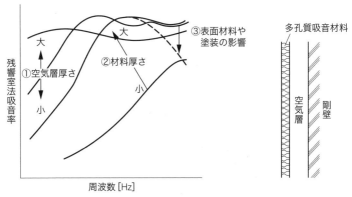

図2.9 多孔質吸音材料の吸音特性

①背後空気層の厚さを増すと低い周波数域の吸音率が増加するが、高い周波数域（空気層の厚さが波長の1/4以上）では多少低下する。

②剛壁密着条件の特性から、材料の密度、厚さを増加すると、矢印の方向に特性が変化するが、密度より厚さの影響が大きい。

③あなあき板などによる表面仕上げ、厚手のフィルムなどで表面を保護

すると高い周波数域で性能が低下する。

多孔質吸音材料には、繊維系の材料を板状に成形した多孔質板状吸音材料があり、天井構造として多く用いられる。ロックウール化粧吸音板、インシュレーションファイバーボード、木毛セメント板などは、天井裏に空気層があることによる低い周波数域における板振動による吸音と、高い周波数域における多孔質材料の両方の特徴が現れる。吸音特性は、天井下地構造の施工方法と表面処理によって変化する。

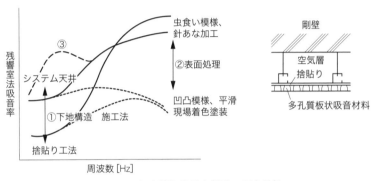

図2.10　多孔質板状吸音構造の吸音特性

①ロックウール化粧吸音板を天井に施工する場合、システム天井と捨貼り工法などの下地構造の施工方法で低い周波数域の吸音率が大きく異なる。
②虫食い模様、表面処理によって高い周波数域の吸音率が変わる。多孔質材料の目をつぶすような塗装（はけ塗りなど）によって吸音率が低下する。
③木毛セメント板と剛壁との間に空気層を設けた吸音構造では、背後空気層の厚さを増すと、低音域の板振動による吸音率が大きくなる。

2.2.2　あなあき板材料

あなあき板材料（共鳴器型吸音材料ともいう）は、下地材に背後空気層

を設けて周辺を固定することにより、共鳴器（ビンのような形をした吸音構造で入り口の空気を質量、奥の空洞部を空気のバネとした1自由度の共振系を形成する器、図2.13参照）を碁盤の目のように並べた構造となり、特定の周波数（図中のf_0）を中心とした周波数範囲で吸音を生じる。列に並べたスリット構造とする場合も同様で、多孔質充填材料を用いることで、開口の抵抗を調整し、高い吸音特性を得ることができる。

なお、あなあき板には、開口率を大きく（約30%以上）とって多孔質充填材料の表面保護に利用されることも多く、その場合の吸音特性については2.2.1項を参照いただきたい。

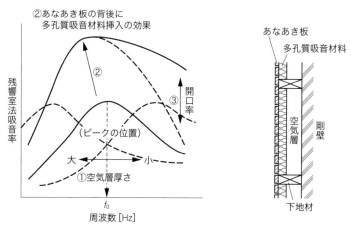

図2.11　あなあき板吸音構造の吸音特性

①周波数f_0は、あなあき板の板厚、開口率などにもよるが、空気層厚さの影響が大きく、空気層を大きくとるほど低い周波数域へ移行する。
②あなあき板の背後に多孔質吸音材料を裏打ちすることにより、ピークの位置を中心にほぼ全周波数域で吸音率が増加する。
③あなの開口率によって高い周波数域の吸音特性が変化する。また、挿入した吸音材料の保護シートなどがあなを塞ぐと極端に吸音率が低下する。

2.2.3　板状吸音材料

　合板や石膏ボードなど板状の材料は剛壁に密着させて設置すると吸音しないが、剛壁から空気層を設けて設置することで、入射音によって板が振動し吸音効果が生じる。図 2.12 に示すように背後空気層を確保して板状吸音材料を固定すると、板を質量、背後の空気層をバネとした振動系が形成される。図中の周波数 f_0 付近の周波数域で板が共鳴振動して、板の内部摩擦や板の支持部におけるエネルギー損失で吸音する。

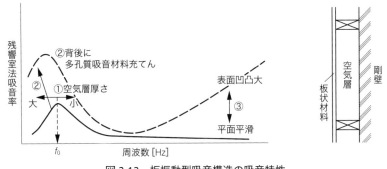

図 2.12　板振動型吸音構造の吸音特性

①背後空気層を大きくとると、低音域の吸音率が上がりピークの周波数が多少低音域に移行する。
②背後空気層にグラスウールなどの多孔質材料を充填すると、板振動の周波数 f_0 付近の吸音率が大きくなる。
③材料の表面に凹凸を付けたり、薄い多孔質材料を貼り付けると、高音域で吸音率が高くなる。

2.2.4　その他の吸音材料

　JIS A 6301「吸音材料」等で吸音材料として区分されてはいないが、居室で日常生活に使用される吸音性能の高い内装備品として、以下の材料、部位および物が挙げられる。吸音性能は製品や設置条件に依存するため、吸音率の周波数特性の一般的な傾向を示すことが難しい。また、吸音性能

は吸音率ではなく等価吸音面積（吸音力ともいう）で示される場合もあるので、各項を参照いただきたい。

- カーペットなどの敷物（2.2.1 項の材料の厚さが薄い条件）
- ヒダを付けた通気性のある厚手のカーテン（2.2.1 項の材料が厚く、壁からの吊り下げる距離が空気層に対応）
- タンス・クロゼット（戸が板状吸音材料となる場合は、背後の空気層、使用状態の衣類などが多孔質充填材料となる場合には、低い周波数域で高い吸音性能を示す場合がある。2.2.3 項参照）
- ソファー・クッション（1 個または 1 脚当たりの吸音力で示され、その表面を試料面積と考えた場合は、2.2.1 項の空気層が大きい場合に相当し、全帯域吸音材料として適用可能）

2.3 防振材料

　ここで扱う防振材料とは、固体音を低減あるいは防止する材料を指す。防振材料には防振ゴム、空気ばね、コイルばねなどの弾性体があり、その性能は材料のばね定数（kで表示）で表される。

　図2.13のように、ばね定数kの弾性体の上に質量mの重りを載せた場合、固有振動数fはkとmから$f=(1/2\pi)\sqrt{k/m}$の式で求めることができる。図2.13に示された系の運動は、足元から入力した振動数が固有振動数と一致したときにmが大きく振動し、共振と呼ばれる現象を示し、それよりも高い振動が入力すると重りの動きは徐々に低減していく。固有振動数が10Hzの場合を例として、入力する振動数に対する重りの動きを振動伝達率として図示すると図2.14になる。防振とは図2.14の斜線で示した領域を利用したものである。

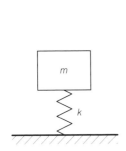
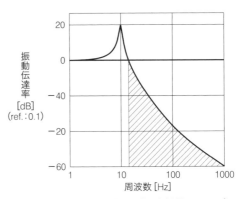

図2.13　1自由度の振動系　　図2.14　防振効果概念図（損失係数$\eta=0.1$）

　以下に代表的防振材料の特性を列記する。
①防振ゴム
　ゴムは代表的な防振材料であり、弾性率が小さく、高い防振性能を有し

ている。また、防振ゴムはその製造が容易なことから、非常に多くの種類や形状のものがある。短所としては、製品の許容されるひずみ量の制限から、系の固有振動数を低くするには限界がある。通常の圧縮を利用した防振ゴムでは約5Hz、せん断を利用したもので約4Hz、特に大きな変形に耐えるように設計されたものでも3Hzが下限といえる。

②金属ばね

防振材料としては金属ばねも多く用いられる。金属ばねは防振ゴムの欠点である、耐油性、耐熱性、耐候性、機械的強度などを補う材料である。短所としては、ばねそのものに抵抗性の減衰要素がほとんどなく、減衰要素を別に考えないと共振時の振幅が非常に大きくなることである。この金属ばねも、それぞれの用途に応じて多くの種類が製造されており、代表的なものはコイルばね、重ね板ばね、皿ばねなどがある。

コイルばねは防振ゴムのようなひずみ制限が少ないため、固有振動数を1Hz程度まで下げられる。重ね板ばねは、大きさの割には大きなばね定数が得られるので、重い機械の防振材料としてよく用いられている。

③空気ばね

遮断したい振動数が低い場合は防振支持系の固有振動数をさらに低くする必要がある。その場合に空気ばねは有用な材料となる。空気ばねにもいくつかの構造形式があるが、理論的には系の固有振動数はいくらでも低くできる。

また、系の固有振動数は空気ばねの内圧とは無関係となるため、付加荷重が増加した時には、それに応じて内圧を加減すれば、ばねの高さを一定に保つことができるという長所を持つ。しかしその反面、内部の空気量を常時管理するシステムが必要となる短所がある。

④その他

防振材料としては、対象物を弾性支持できるものであればどのような物でもよいため、上記以外にも防振マット、コルク、フェルト、グラスウールなどが挙げられる。これらに関しては一長一短があるが、ここでは割愛する。

2.4 制振材料

建築構造物や機械構造物のケーシングなどのパネル類は、多くの共振現象を起こす要素を持っており、入力される振動数によっては大きな鋭い固体音を発生する場合がある。これに対応するために制振材料は用いられる。

制振材料の役割は、振動している場所に内部損失の高い材料を貼り付けたり、損失が得られる構造体を装着したりして、振動エネルギーを熱エネルギーに変換し、共振を抑え、固体音の低減を図ることにある。制振性能の評価する尺度の一つに損失係数 η があり、この値が大きいほど制振性能がよい。

代表的な高分子系の制振材料には、基板の上に単体でシート状の制振材料を貼る非拘束型と、その上にさらに拘束板を重ねてサンドイッチ状にする拘束型の2種類がある。これらのモデル図を図2.15に示す。

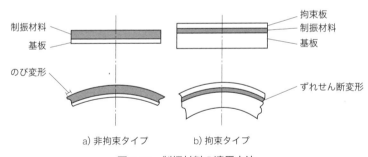

図 2.15 制振材料の適用方法

非拘束型は基板が曲げ変形をするとき、基板上の制振材料が伸縮変形を起こすことによりその内部損失のため振動エネルギーが熱エネルギーに変換され、振動が減衰する。図2.16にシート状制振材料を用いた非拘束型の特性の例を示す。これにより明らかなように、特性は温度や形状によって

2章 材料の音響特性

大きく変化することがわかる。

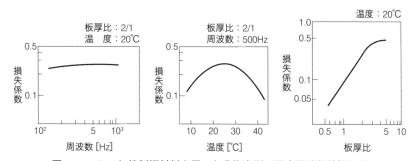

図 2.16　シート状制振材料を用いた非拘束型の温度周波数特性の例

コラム③

サッシや換気口の性能も大切だが、室内の吸音も

　入居前の室内はガラーンとしています。これは室内に吸音するものが少ない状態を表しています。室内にいる人は窓などの開口部を透過して直接耳に入る音ばかりでなく、室内での反射音も感じています。いったん、室内へ透過した音は、室内の壁・床・天井だけでなく、サッシの室内側の面にも吸音されます。

　厚手のカーテンにヒダを付けてサッシから少し離して吊ると、反対側の壁と行ったり来たりしていた音を軽減できます。カーテンは両側に開けて束ねたときにも吸音材料になります。床面の吸音性能も天井との反射を軽減します。なお、すでにソファーなどの家具が設置されている部屋に、さらにカーテンなどを追加しても効果が少ない場合もあります。室内が響きすぎていると感じたら、家具やインテリア用品を部屋の中に置いてみて効果を確かめてください。

コラム④

二重壁には太鼓現象がつきもの

　二重壁は、石膏ボードや合板を間柱の表裏に貼って二重構造にした壁です。ボードで空気層をはさんで二重構造とすることによって中高音域では高い遮音効果が得られる反面、低音域では二重壁特有の大きな落ち込みが生じます。この現象は「太鼓現象」とも呼ばれ、ちょうど大きな太鼓を叩いたときのように、手前の膜（革）の振動が空気のバネを介して反対側の膜を効率よく揺らしてしまう現象に似ており、「低音域共鳴透過現象」ともいわれます。

　二重壁として高い遮音効果を得るには、共鳴現象が起こる周波数を低音域へ追いやる必要があります。具体的には、ボードを厚くしたり、空気層を大きくとることなどが有効です。二重壁の壁厚が大きくなると住居の占有面積を狭めるため、戸境壁に適用する際には、壁の厚さは200〜250mm程度が設計上の限界といえます。

3章

遮音性能と評価

3.1 性能水準の考え方

日本建築学会の「考え方」では、室内静ひつ性能、空気音遮断性能、床衝撃音遮断性能について、性能水準を評価する適用クラスが提案されている。適用クラスはクラス1からクラス3までの3段階であり、表3.1に示す性能水準により分類されている。

クラス1は、特に高い遮音性能が必要とされる場合や、居住者・利用者の個別的な要望に対応する必要があるなどの特別な場合に設定する性能水準である。

クラス2は、日常生活において一般的な生活行為や室の使用状態に対応し、日本建築学会の「考え方」が推奨する性能水準である。

クラス3は、クラス2と同様の条件下で、居住者・利用者が互いに気をつけて生活している状態に対応して設定する一般的な性能水準である。

表3.1 適用クラスと性能水準

適用クラス	性能水準
クラス1	特に高い性能水準（特別な場合に設定）
クラス2	高い性能水準（日本建築学会の「考え方」が推奨）
クラス3	一般的な性能水準

これらの性能水準は高いほど望ましいというものではなく、立地条件やコスト、建物グレードなどの設計条件を勘案し、室の用途に応じた最適な水準に設定することが重要である。

本書では、「クラス2」の性能水準を目標値として設定し、集合住宅における騒音防止設計について解説する。ただし、集合住宅のグレードやコストの観点から一般的な性能水準であるクラス3（空気音遮断性能等級DI-45）を設定することも考えられるので、クラス3についての必要事項は記述する。

3.2　室間遮音性能と評価方法

3.2.1　表示方法

　室間の空気音の遮断性能は空気音遮断性能等級 DI- ○○で表示する。

　空気音遮断性能等級は、125Hz、250Hz、500Hz、1000Hz、2000Hz、4000Hz におけるオクターブバンド音圧レベル差の測定値または計算値を整数位にま

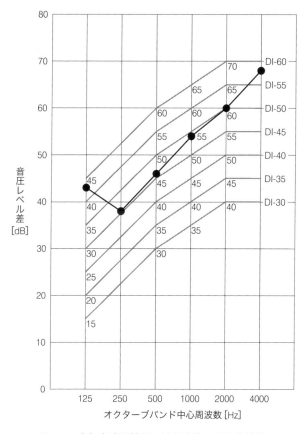

図 3.1　空気音遮断性能の等級曲線の周波数特性
（出典：日本建築学会編『集合住宅の遮音性能・遮音設計の考え方』日本建築学会、2016 年）

るめ、図3.1の等級曲線にプロットし、すべての周波数帯域においてある等級曲線を上回るときの等級曲線につけられた呼称で表す。例えば、図中黒丸実線で示した測定結果の場合であればDI-45の評価となる。

空気音遮断性能はその値が大きいほど遮音性能は高い。なお、測定結果から空気音遮断性能を求める場合は、各周波数帯域の測定値が等級曲線を2dB下回ることを許容している。

3.2.2 評価方法

(1) 測定方法

室間音圧レベル差は、JIS A 1417「建築物の空気音遮断性能の測定方法」に則して、周波数帯域を4000Hzまで拡張して測定する。室間音圧レベル差は、音源室からノイズを発生させて音源室と受音室のそれぞれのオクターブバンド音圧レベルを測定し、その差から求める。

(2) 適用クラス

室間音圧レベル差の測定結果は図3.1の基準曲線に当てはめて、空気音遮断性能等級を求めて評価する。日本建築学会の「考え方」では表3.2に示す適用クラスを提案しており、建物のグレード等を考慮して設計目標値を設定することができる。日本建築学会の「考え方」ではクラス2（DI-50）を推奨している。

表3.2 空気音の遮音性能評価

室用途	部位	適用クラス	空気音遮断性能等級
居室	隣戸間界壁 隣戸間界床	クラス1	DI-55
		クラス2	DI-50
		クラス3	DI-45

3.2.3 音圧レベル差

隣室への空気音の伝搬において、室間音圧レベル差は壁面の音響透過損失を用いて式3.1のように示される。

$$D = R - 10 \log_{10} \frac{S_w}{A} \qquad 式3.1$$

- D ：室間音圧レベル差［dB］
- R ：界壁の音響透過損失［dB］
- S_w：界壁の面積［m²］
- A ：受音室の等価吸音面積（吸音力）［m²］
    - $A = \alpha \times S_r$
        - α：室内平均吸音率
        - S_r：室内表面積［m²］

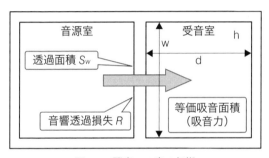

図 3.2　隣室への音の伝搬

音響透過損失 R は JIS A 1416「実験室における建築部材の空気音遮断性能の測定方法」によって測定され、壁構造自体の遮音性能を表す値である。

また、室間音圧レベル差 D は JIS A 1417「建築物の空気音遮断性能の測定方法」によって測定され、音源室と受音室間の音圧レベル差を示す値である。室間音圧レベル差は、界壁の音響透過損失が大きいほど、透過面積が小さいほど、また受音室の等価吸音面積（吸音力）が大きいほど大きな値となる。

図 3.2 において受音室の寸法を幅（w）4m、奥行（d）5m、天井高さ（h）2.5m とし、床をフローリング仕上げとした場合の室間音圧レベル差の計算例を表 3.3 に示す。

表 3.3 室間音圧レベル差の計算例

オクターブバンド中心周波数 [Hz]	125	250	500	1000	2000	4000	備考
①界壁の音響透過損失 R [dB]	37	45	53	59	64	69	コンクリート厚さ 200mm
②室内平均吸音率	0.12	0.11	0.11	0.1	0.1	0.12	
③室内総表面積 [m^2]	85	85	85	85	85	85	
④受音室の等価吸音面積（吸音力）A [m^2]	10.2	9.35	9.35	8.5	8.5	10.2	②×③
⑤界壁の透過面積 S_w [m^2]	10	10	10	10	10	10	
⑥ $10\log(S_w/A)$	0.086	−0.29	−0.29	−0.71	−0.71	0.086	
⑦室間音圧レベル差 D [dB]	37	45	53	58	63	69	

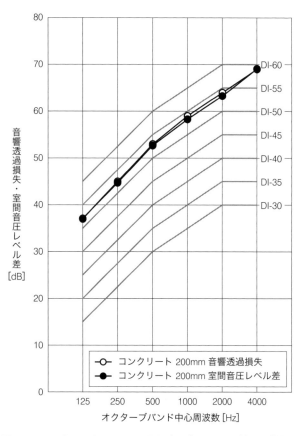

図 3.3 コンクリート 200mm 厚界壁の音圧レベル差の計算結果

表中④受音室の等価吸音面積(吸音力) A と⑤界壁の透過面積 S_w がほぼ等しい場合には、室間音圧レベル差は音響透過損失値とほぼ同じ値となる。

したがって、遮音設計においては音響透過損失の値を用いて概略の検討ができる。なお、受音室に家具等が設置された場合には、受音室の等価吸音面積(吸音力)は増大し、受音室のレベルはさらに低下するため安全側の検討となる。

3.3 床衝撃音の遮断性能と評価方法

3.3.1 床衝撃音と特徴

　上階から聞こえてくる足音など、床が振動して下階で発生する固体音を総称して床衝撃音という。床衝撃音は、「ドンドン」という子供の飛び跳ねや走り回りによる大きな衝撃力によって発生する重量衝撃音と、「コツコツ」という靴音や椅子を引きずる「ギー」という音など衝撃力が小さい軽量床衝撃音の2種類に分けられる。床衝撃音は上下階の居室間でクレームとなることが多いが、中間階の集会場やゲストルームと下階居室との間でも発生することがある（コラム⑧、p.115参照）。

図3.4　床衝撃音の発生

　重量床衝撃音は、床スラブ全体が振動することで発生する低周波数成分が卓越した音である。発生音のレベルに影響を及ぼす床の条件としては、床スラブの剛性に関係する項目（スラブの厚さ、スラブの密度、ヤング率）と梁の支持条件（梁に囲まれたスラブの面積、梁が大梁か小梁かなど）が

挙げられる。

　発生音のレベルは、床スラブの厚さが同じでも床スラブの支持条件によって大きく変わり、床の表面仕上げ構造が発生音のレベルに及ぼす影響が小さいことが特徴として挙げられる。

　軽量床衝撃音は、小さな衝撃によって発生する中高域の周波数成分が卓越した音である。発生音のレベルは床表面の柔らかさによって大きく変わり、床仕上げ材がカーペット（フエルト下地）や畳などの場合は小さいのに対して、フローリングや石貼りなどの場合では大きくなるため、問題が起こることが多い。

　木質系フローリング仕上げとする場合では、フローリング材の裏にスポンジ系の緩衝材を貼った製品が軽量床衝撃音の低減に有効である。ただし、カタログによる低減性能が特に高いフローリング材は、柔らかすぎて歩行感が悪化することもあるので注意が必要である。

　発生音のレベルは床スラブの厚さによる影響が小さく、スパンや梁の支持条件などから影響を受けないことが特徴として挙げられる。

3.3.2　床衝撃音遮断性能の表示方法

　床構造の床衝撃音遮断性能は直接測定することはできない。このため、遮断性能は、標準衝撃源で対象の床を打撃した時に直下居室で発生する床衝撃音のレベルを測定して、そのレベルの大小によって評価される。日本建築学会の「考え方」では、次の測定評価方法を推奨している。

　重量床衝撃音の遮断性能は①の重量床衝撃音遮断等級 BA-○○で、また軽量床衝撃音の遮断性能は②の軽量床衝撃音遮断等級 TA-○○で表示される。いずれも数値が小さいほど遮断性能が高い。

①重量床衝撃音遮断等級：標準重量衝撃源（ゴムボール衝撃源）を用いて測定した、A特性床衝撃音レベルの整数を5単位に切り上げた値。
②軽量床衝撃音遮断等級：標準軽量衝撃源（タッピングマシン）を用いて測定した、A特性床衝撃音レベルの整数を5単位に切り上げた値。

3.3.3 重量床衝撃音の遮断性能評価

　JIS A 1418-2「建築物の床衝撃音遮断性能の測定方法」に規定されている標準重量衝撃源（ゴムボール衝撃源）を用いて床上100cmの高さから上階の床に落下させて、直下居室で発生する「ドン」という床衝撃音の最大音圧レベルを測定する。日本建築学会の「考え方」では、直接A特性音圧レベルを測定する方法と、31〜500Hz帯域のA特性オクターブバンド音圧レベルを測定してバンド合成値のA特性音圧レベルを求める方法を提案している。A特性音圧レベルの測定値から5dBステップのBA値を求めて、表3.4に示す遮断性能等級によって性能を評価する（なお、JIS A 1418-2には、ゴムボール衝撃源の他に、タイヤ衝撃源を用いて床衝撃音レベルを測定する方法が規定されている）。

表3.4　重量床衝撃音遮断性能の評価

部位	適用クラス	重量床衝撃音遮断性能等級
隣戸間界床	クラス1	BA-40
隣戸間界床	クラス2	BA-45
隣戸間界床	クラス3	BA-50

3.3.4 軽量床衝撃音の遮断性能評価

　JIS A 1418-1「建築物の床衝撃音遮断性能の測定方法」に規定されている標準軽量衝撃源（タッピングマシン）を用いて上階の床を打撃し、直下居室で発生する「カタカタ」という床衝撃音の平均レベルを測定する。使用する衝撃源は、5個の500g鋼製ハンマーが連続して4cmの高さから自然落下する機構を有する装置とする。日本建築学会の「考え方」では、直接A特性音圧レベルを測定する方法と、125〜2000Hz帯域のA特性オクターブ

表3.5　軽量床衝撃音遮断性能の評価

部位	適用クラス	軽量床衝撃音遮断性能等級
隣戸間界床	クラス1	TA-40
隣戸間界床	クラス2	TA-45
隣戸間界床	クラス3	TA-50

バンド音圧レベルを測定してバンド合成値のA特性音圧レベルを求める方法を提案している。A特性音圧レベルの測定値から5dBステップのTA値を求めて、表3.5に示す遮断性能等級から性能を評価する。

3.4 室内の静けさと評価方法

3.4.1 表示方法

室内の静けさの評価は、室内静ひつ性能等級 RA-〇〇で表示される。RAで示される数値は、室内騒音のA特性音圧レベルを整数位でまるめて5を単位として切り上げた値である。例えば、A特性音圧レベルが42dBだった場合には、室内静ひつ性能等級は RA-45 となる。

3.4.2 測定方法

A特性音圧レベルを直接測定する方法と、オクターブバンドごとに音圧レベルを測定してA特性音圧レベルに換算する方法がある。

前者は周波数分析を行う必要がないため測定が簡便であり、建物竣工時の性能検査時に適している。後者は周波数特性が示されるため、遮音設計や対策あるいは開発などを行う場合に適している。

3.4.3 騒音の分類と測定値の求め方

A特性音圧レベルの時間変動パターンにより騒音を分類しており、代表値の求め方は表 1.1（p.21）に示すとおりである。

3.4.4 評価方法

(1) 適用範囲

集合住宅における騒音の対象は、居室内に伝搬する設備騒音、道路交通騒音、鉄道騒音である。設備騒音は定常的に発生する騒音を対象としており、エレベーターや機械式駐車場などにおいて間欠的に生じる衝撃騒音は対象外である。また、生活騒音、工場騒音、地下鉄、航空機、船舶による騒音も対象外である。

(2) 適用クラス

日本建築学会の「考え方」で提案している集合住宅の室内静ひつ性能等級に関する適用クラスは、表3.6～3.8に示すとおりである。

表3.6 設備騒音を対象とした室内静ひつ性能等級

室用途	適用クラス	設備騒音を対象とした室内静ひつ性能等級
居室	クラス1	RA-25
	クラス2	RA-30
	クラス3	RA-35

表3.7 道路交通騒音を対象とした室内静ひつ性能等級

室用途	適用クラス	道路交通騒音を対象とした室内静ひつ性能等級
居室	クラス1	RA-30
	クラス2	RA-35
	クラス3	RA-40

表3.8 鉄道騒音を対象とした室内静ひつ性能等級

室用途	適用クラス	鉄道騒音を対象とした室内静ひつ性能等級
居室	クラス1	RA-30
	クラス2	RA-35
	クラス3	RA-40

参考に室内の静ひつ性能（A特性音圧レベル）と生活実感の対応の例を表3.9に示す。

表 3.9 室内の静ひつ性能（A 特性音圧レベル）と生活実感の対応

	A 特性音圧レベル	30	35	40	45
評価要因別	会話妨害		日常の会話が了解度 100%となる（会話距離 1m）		日常の会話がおおむね可能である（会話距離 1m）
	睡眠妨害	睡眠への影響が生じ始める			単発騒音で目覚めることがある
音源別	空調騒音		まったく気にならない〜少し気になる	少し気になる	少し気になる〜だいぶ気になる
	道路交通騒音		まったく気にならない〜少し気になる	少し気になる	少し気になる〜だいぶ気になる
	鉄道騒音			少し気になる（40dBA の道路交通騒音と複合時）	
	ロック音楽の透過音	少し気になる（複合音なし）まったく気にならない〜少し気になる(35〜40dBA の道路交通騒音または空調騒音と複合時)			
	ポンプ固体音	少し気になる（複合音なし）まったく気にならない〜少し気になる(35〜40dBA の空調騒音と複合時)			
	上階で大人が素足で軽く飛び跳ねる音			まったく気にならない〜少し気になる（40dBA の道路交通騒音と複合時）	

（出典：日本建築学会編『集合住宅の遮音性能・遮音設計の考え方』日本建築学会、2016 年）

コラム⑤

集合住宅での普通の生活とは

　騒音防止設計では、伝搬してくる音が普通の生活に不都合がないように住戸間の壁や床の構造が決定されます。ところで、「普通の生活」とは何でしょうか。

　会話やテレビ視聴は日常の基本的な行為であり、普通の生活行為といえます。それに対し、子供のピアノ演奏は普通の生活の範囲内と考えられますが、一般的な壁や床の構造では周囲の住居で聞こえてしまいます。ピアノ演奏音は特に夜間では気になるため、「ピアノ演奏は午前10時から午後8時まで」といった住まい方のルールによって静かな環境を確保する必要があります。

　一方、オーディオ再生音については、大音量や低音域を強調した音になると普通の生活の範囲を超えるため、一般の遮音構造では対応できません。その場合には、居住者が音響専門技術者に依頼して高遮音構造のオーディオルームを設置する必要があります。

コラム⑥

太陽は不思議な音を発生させる

　朝晩や夜間の静かなときに、発生場所はわからず「ピシッ」や「ゴン」などと不思議な音が聞こえることがあります。

　こうした発生原因の特定が困難な音や不快な音は、"異音"または"不思議音"として分類されます。なかでも熱による伸縮によって発生する音は代表的な異音です。太陽光が建物に当たって暖められると、熱により部材に伸びが生じて、部材の軋(きし)りや滑りが生じ、異音が発生します。この現象は、日差しが偏って当たっているコンクリート同士が接する箇所や、ベランダの手摺りのようにコンクリートと鉄などの異なる部材の間でも発生することがあります。

　こうした熱伸縮による異音は、設備機器を稼働した直後に配管やダクトでも発生する場合がありますが、一般的には建物の構造安全性に問題はありません。

II部

騒音の発生メカニズムと防止設計

集合住宅を取り巻く騒音源

集合住宅を取り巻く騒音源には、前ページの図に示すように屋外から伝わってくる騒音と、建物内で発生する騒音がある。屋外から伝わってくる騒音には道路交通や鉄道そして地下鉄からの騒音や、他の建物の設備機器稼働時の騒音などがあるが、航空機騒音や工場騒音などは集合住宅を設計する側としては制御不能であるため、本書では検討対象としていない。

　屋内で発生する騒音には、生活に伴って発生する騒音（7項目）と、共用の設備機器から発生する騒音（11項目）があり、本書ではそれらを区別して解説している。

　これらの騒音は、人の話し声やテレビやオーディオの音のような空気を介して伝わる空気音と、子供の飛び跳ねや扉の開閉によって生じる固体音がある。共用設備の騒音は、ほとんどが空気音と固体音の両面を持っている場合が多い。

　本書では、ここに示した図が目次代わりになるように構成されている。集合住宅の断面の各部屋に、問題となりやすい騒音源を散りばめ、そこに示されたページを参照することで、読者自身が問題としている騒音源の影響や対策が読み取れるようにしているので、活用いただきたい。

4章

屋外騒音の防止設計

屋外騒音に対して住戸居室内の静けさを確保するためには、建築設計の各段階に応じて遮音について検討していくことが重要となる。

　本章で取り上げる道路交通騒音（4.1節）と鉄道騒音（4.2節）について、建築設計・施工と遮音設計との関係を図4.1に示す。

　地下鉄騒音（4.3節）の場合の両者の関係も、遮音設計の内容は異なるが、基本的には道路交通騒音、鉄道騒音と同じである。

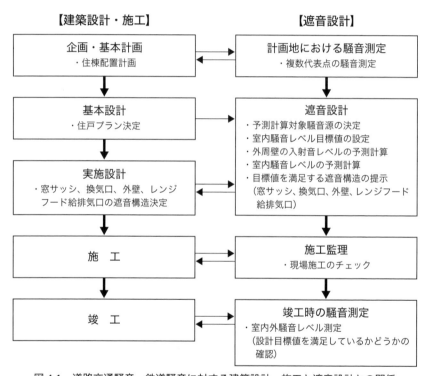

図4.1　道路交通騒音・鉄道騒音に対する建築設計・施工と遮音設計との関係

4.1 道路交通騒音

4.1.1 道路交通騒音に対する遮音設計の考え方

集合住宅が交通量の多い道路に面する敷地に建設される場合、道路交通騒音に対して住戸居室内の静けさを確保するために、空気音に関する遮音設計を行い、設計目標値を満足する外周壁の仕様を決定する必要がある。その場合、建築設計・施工と遮音設計が連携して検討を進めることが遮音上の品質確保につながる。

4.1.2 道路交通騒音の代表値と設計目標値の設定

（1）代表値

道路交通騒音は時刻によってレベルが変動するため、遮音設計における代表値は、測定時間を 5 〜 10 分程度として、複数の対象測定時間帯において測定した等価音圧レベルをエネルギー平均した値とする。24 時間測定した場合の代表値は、昼間（6 〜 22 時）と夜間（22 〜 6 時）に分けて求める場合が多い。

（2）設計目標値

室内静ひつ性能の目標値は、表 3.7（p.63）に示した適用クラスと静ひつ性能等級をもとに、建物のグレードや発注者が要求する性能水準などに応じて設定する。日本建築学会の「考え方」ではクラス 2（RA-35）を推奨しており、これは A 特性音圧レベルの値が 35dBA に相当する。

4.1.3 道路交通騒音の測定方法

道路交通騒音は計画敷地の周辺状況の影響を受けることから、外周壁に入射する騒音のレベルを設定するためには、計画敷地において騒音測定を行い騒音データを取得することが基本となる。

騒音測定は、一般には交通量が多い平日に行う。また、集合住宅は昼夜にわたる生活の場であるため、原則として、時間重み付け特性Fで24時間にわたって等価音圧レベルの測定を行う。

騒音測定における測定点は、図4.2に示すように、道路構造と計画建物との位置関係によっては、直接音が到達する領域と到達しない領域が生じるため、両領域の騒音性状を把握するように設定する必要がある。高速道路の高架構造の場合の騒音レベル測定結果の例を図4.3に示す。高架塀の

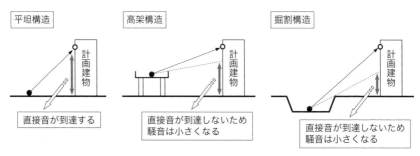

図4.2　道路構造と測定点との位置関係

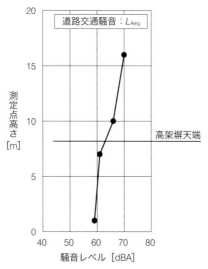

図4.3　高速道路の高架構造の騒音の測定例

上と下で騒音のレベルが大きく異なっていることがわかる。

　騒音測定に際して、低・中層集合住宅の場合には、ポール等を用いて計画敷地において、また可能であれば計画敷地の隣接建物を利用して高所の測定を行う。高層集合住宅の場合には、高層階が耐風圧の関係でガラスが厚くなり遮音上有利となるが、高層階の方が遠方の騒音の影響を受けて低層階より騒音のレベルが大きくなる場合がある。高層階までの騒音のレベルの高さ分布を求めるために、クレーンや気球を使用して騒音測定を行うこともある。

4.1.4　道路交通騒音の室内騒音レベルの予測計算

　外周壁に入射する騒音のレベルと静ひつ性能の目標値から、外周壁に必要な遮音性能が決まる。実際には、騒音源の騒音データをもとにして室内騒音レベルの予測計算を行い、目標値を満足するように外周壁の仕様を決定する。

　外周壁の部位のうち、一般的には窓サッシと換気口からの透過音が大きくなるが、レンジフードの給排気口の影響が無視できない場合も多い。各部位からの透過音レベルを計算し、それらをエネルギー加算した値が室内騒音レベルとなる。

　室内騒音レベルの予測計算に関係する要因を表 4.1 に示す。

表 4.1　道路交通騒音に対する室内騒音レベルの予測計算に関係する要因

①外部騒音測定値　⎫ ②外部距離減衰　　⎬　（外周壁に入射する音圧レベル） ③周辺建物の反射等の影響 ④直接音が到達しない領域に対する減衰 ⑤バルコニー、外廊下の影響 ⑥窓サッシ、換気口等の遮音性能 ⑦窓サッシ、換気口等の透過面積 ⑧室内吸音力

4.1.5 道路交通騒音の設計目標値を満足する外周壁の仕様

　道路交通騒音のレベルと室内の静ひつ性能の目標値に対して、外周壁の窓、外壁、換気口に必要な遮音性能の目安を図 4.4 に示す。

　屋外騒音のレベルが大きくなるにしたがい、特別な仕様、配慮が必要となってくるため、音響専門家の協力が必要になる場合がある。

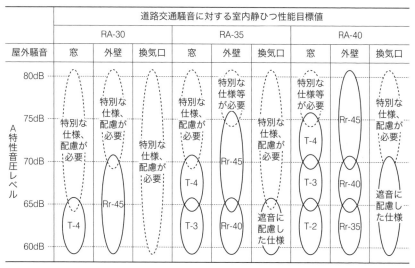

図 4.4　一般的な道路交通騒音に対する外周壁の遮音構造選定例
(出典：日本建築学会編『集合住宅の遮音性能・遮音設計の考え方』日本建築学会、2016 年)

4.2 鉄道騒音

4.2.1 鉄道騒音に対する遮音設計の考え方
　集合住宅が鉄道軌道に面する敷地に建設される場合の鉄道騒音に対する遮音設計の考え方は、道路交通騒音の場合と同じである。

4.2.2 鉄道騒音の代表値と設計目標値の設定
(1) 代表値
　代表値の求め方は、日本建築学会の「考え方」では特に規定されていない。実際には、列車通過時の騒音の最大値を 20 本以上測定して、その上位 10 本のエネルギー平均値を代表値とする場合が多い。
(2) 設計目標値
　室内静ひつ性能の設計目標値は、道路交通騒音の 4.1.2 項(2)と同じである。

4.2.3 鉄道騒音の測定方法
　鉄道騒音も道路交通騒音と同様に計画敷地において騒音測定を行い、騒音データを取得することが基本となる。

　騒音測定では、時間重み付け特性 S で列車通過時の騒音のレベルの最大値を測定する。

　測定点は、道路交通騒音と同様の方法で設定する。

　鉄道騒音のレベルと周波数特性は列車の種類や進行方向によって大きく異なるため、騒音のレベルの大きい列車が必要本数充足されるように測定する必要がある。

　複数路線がある計画敷地における騒音の周波数特性測定結果の例を図 4.5 に示す。

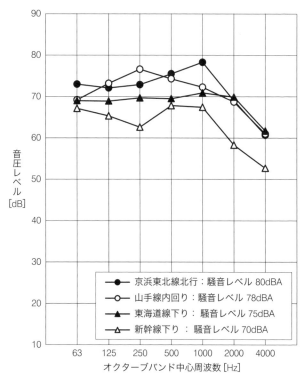

図 4.5　複数路線の鉄道騒音の周波数特性の測定例

4.2.4　鉄道騒音の室内騒音レベル予測計算

室内騒音レベルの予測計算は、道路交通騒音の 4.1.4 項と同じ方法による。

4.2.5　鉄道騒音の設計目標値を満足する外周壁の仕様

道路交通騒音の節で示した図 4.4（p.76）の屋外騒音レベルと室内の静ひつ性能の目標値に対して、外周壁の窓、外壁、換気口に必要な遮音性能の目安を参考にする。

4.3 地下鉄騒音

4.3.1 地下鉄騒音に対する遮音設計の考え方

地下鉄や鉄道軌道トンネルに近接して集合住宅が建設される場合、列車通過時の振動が地盤を伝搬して建物に伝わり、躯体を伝搬して居室の床、壁、天井などの内装材から音として放射される固体音が問題になることがある。聴感的には窓などを透過してくる空気音とは異なり、聞きなれない「ゴー」という騒音として聴こえる。

騒音低減対策は振動絶縁が基本であり、地盤から建物に伝わる振動を遮断する方法と建物の内装を浮き構造にする方法がある。集合住宅の場合は、前者の対策が一般的である。

4.3.2 地下鉄騒音の代表値と設計目標値の設定

(1) 代表値

地下鉄騒音の代表値に関しては、日本建築学会の「考え方」では触れられていない。実際には、鉄道騒音と同様に、列車通過時の騒音の最大値を20本以上測定して、その上位10本のエネルギー平均値を代表値とする場合が多い。

(2) 設計目標値

地下鉄騒音に対する室内静ひつ性能の目標値は、日本建築学会の「考え方」では規定されていない。しかし、地下鉄騒音は聞きなれない音のため、窓等から伝搬する鉄道騒音より1ランク以上厳しい評価とする必要がある。

4.3.3 地下鉄振動の測定方法

振動絶縁対策の必要性を検討するには、計画敷地における地盤の振動性状を把握する必要がある。

振動測定では、時間重み付け特性Sで地下鉄通過時の振動加速度レベルの最大値を測定する。計画敷地に既存建物がある場合には、参考として床・壁・柱などの振動と室内騒音を測定することが望ましい。

4.3.4 地下鉄騒音の室内騒音レベル予測計算

室内騒音レベルの予測計算に関係する要因を表4.2に示す。これら要因の中には、取り扱いが難しい項目があるため、音響専門家の協力が必要になる場合がある。

表4.2 地下鉄騒音に対する室内騒音レベル予測計算に関係する要因

①地盤振動測定値 ｜
②地盤距離減衰　 ｜（建物に入射する振動加速度レベル）
③防振材による減衰
④地盤から建物に入射するときの減衰
⑤建物内距離減衰
⑥内装材の増幅
⑦内装材の面積
⑧内装材の放射係数（音の放射のしやすさの程度）
⑨室内吸音力

4.3.5 地下鉄振動の低減対策案

地下鉄振動を低減する対策案は、前述のように地盤から建物に伝わる振動を低減する方法が一般的である。振動低減対策案の例を図4.6に示す。

地下鉄振動の卓越周波数は63Hz帯域であることが多く、振動低減対策案の例におけるその周波数帯域のおおよその振動加速度レベルの低減量を表4.3に示す。

表4.3 地下鉄振動低減対策案の振動加速度レベル低減量（63Hz帯域）

振動低減対策案	低減量 [dB]
板状防振材	3〜5
板状防振材＋地中壁・底盤重厚化	5〜10
免震ゴム	15〜20

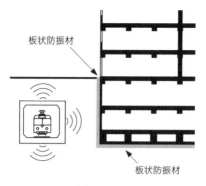

a) 板状防振材

b) 板状防振材＋地中壁・底盤重厚化

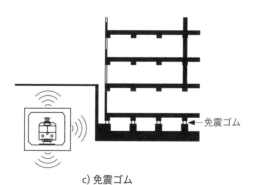

c) 免震ゴム

図 4.6　地下鉄振動を低減する対策案の例

4.3.6 地下鉄振動の低減対策事例

　地上の出口に近い地下軌道構造物（防振対策なし）より水平距離で7m（地表より深さ3.3m）のところに建設された集合住宅の事例を紹介する。

　計画建物の地中梁の位置における地盤の振動加速度レベルは、図4.7に測定結果を示すように、50〜80Hz帯域で70dBと大きかった。そのため、振動低減対策として免震ゴムを採用した（建物の上下方向の固有振動数は10Hz）。

　竣工時の免震ゴムの振動低減効果の測定結果を図4.8に示す。63Hz帯域で15〜20dBの低減効果が得られている。また、表4.4に測定結果を示すように、室内騒音レベルは30dBA以下となっている。

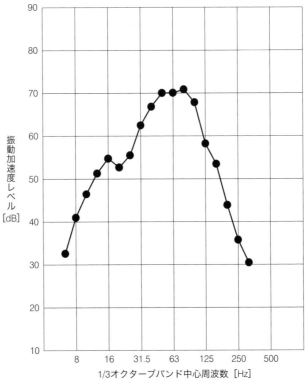

図4.7　地盤の振動加速度レベル測定結果

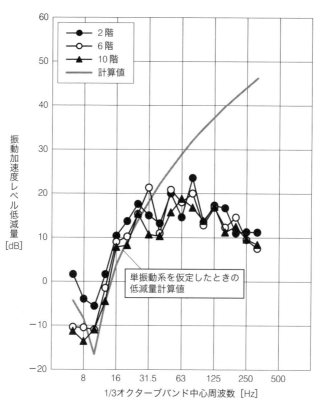

図 4.8　免震ゴムの低減効果測定結果

表 4.4　竣工時の室内騒音レベル測定結果

		地下鉄騒音	暗騒音
2 階	201 和室	27dBA	25dBA
4 階	401 和室	29dBA	27dBA
6 階	601 和室	28dBA	27dBA
8 階	801 和室	29dBA	28dBA
10 階	1001 和室	暗騒音以下	28dBA

コラム⑦

騒音源とは別のところから騒音が聞こえる？

　集合住宅のバルコニー側の外壁に取り付けられた熱源器の騒音が、窓サッシを透過して聞こえてくるのではなく、妻側の壁面から聞こえるという現象が生じ、入居者から苦情が出たことがあります。

　聞こえてくる騒音が空気音の場合は騒音源の方向から音が聞こえてくるのが一般的ですが、固体音の場合は室内の各部位から騒音が放射されるため、騒音源がどこにあるのかすぐにはわからないことがあります。

　この事例では、熱源器から発生する振動が250Hz帯域で卓越していたため、ボード直貼り工法で施工されていた妻壁側の内装から放射される固体音のレベルが、窓サッシを透過してくる音より大きくなり、騒音源があたかも妻側側にあるように聞こえていたことがわかりました。

　250Hzが卓越した固体音とボード直貼り工法の組み合わせにより、信じられない現象が生じることがあることを記憶に留めておいてください。

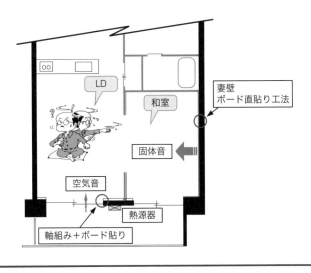

5章

生活騒音の防止設計

5.1 界壁の遮音

5.1.1 隣接住戸への音の伝搬

隣接住戸への音の伝搬は、図 5.1 のように界壁からの透過音と側路伝搬音に分けられる。側路伝搬音は窓面を経由した空気音による側路伝搬音、外壁の断熱材仕上げ工法に関わる固体音による側路伝搬音、乾式遮音壁の場合の隙間による透過音などが挙げられる。

隣室間の遮音設計においては、最初に室間音圧レベル差の目標値を設定する。次に目標値を満足する遮音構造を選定する手順となるが、一般には音圧レベル差は界壁からの透過音によって決定されるため、界壁の遮音構造が検討対象となる。

ただし、遮音性能が大きい界壁の場合には、側路伝搬音の影響が相対的に大きくなるため、界壁以外の伝搬経路についても遮音性能を検討して複合的な遮音性能が目標値を満足することを確認する必要がある。

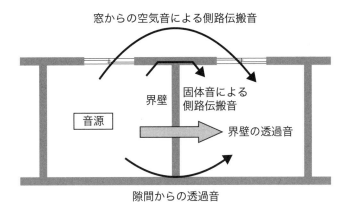

図 5.1　隣接住戸への音の伝搬

5.1.2 遮音性能の目標値

遮音性能の目標値は、表 3.2（p.54）の適用クラスと空気音遮断性能等級をもとに設定する。日本建築学会の「考え方」ではクラス 2（空気音遮断性能等級 DI-50）を推奨している。

5.1.3 適用クラス 2 を満足する遮音構造

均質単板および乾式二重壁の遮音構造の例を示す。

(1) 均質単板

代表的な遮音構造を図 5.2 に示す。コンクリートの場合では厚さ 180 〜 200mm で適用クラス 2 を満足する。

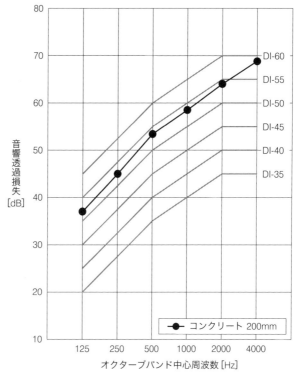

図 5.2　コンクリート 200mm 厚の音響透過損失
（出典：日本建築学会編『建物の遮音設計資料』技報堂出版、1988 年）

均質単板の遮音性能は質量則（2.2.1項(1)、p.29参照）にしたがい、音響透過損失値は面密度が大きくなるほど、また周波数が高くなるほど大きくなる。例えば、厚さが2倍（面密度が2倍）になると音響透過損失は5〜6dB増大する。コンクリート壁は隙間の影響が生じないため、通常の施工方法でも所定の遮音性能が得られる利点がある。

　コンクリート造では結露防止のため外壁から一定の範囲まで界壁に断熱材が貼られたり打ち込まれたりする。表面仕上げをボードやモルタル薄塗り仕上げとすると、断熱材と表面材による共振現象によって高音域で遮音低下が生じる。防止策としては、図5.3に示すように表面ボードを軽量鉄骨または木軸下地により施工することが有効である。

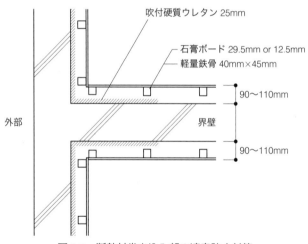

図5.3　断熱材巻き込み部の遮音防止対策

　なお、コンクリート壁に対して、石膏系の接着剤を団子状にしてボードを貼る内装下地仕上げ工法（ボード直貼り工法）は、施工が簡便で安価なことからこれまで多く用いられてきた。しかし、図5.4に示すように、接着剤に起因した共振現象により中音域で遮音欠損が生じ、コンクリート壁のみの場合よりも遮音性能が低下するため、界壁の遮音構造としては適切ではない。

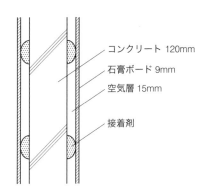

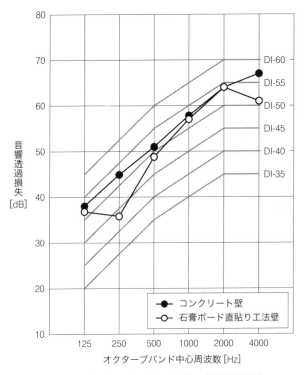

図 5.4 石膏ボード直貼り工法壁の音響透過損失
(出典:日本建築学会編『集合住宅の遮音性能・遮音設計の考え方』日本建築学会、2016 年)

(2) 乾式二重壁

代表的な遮音構造を図5.5に示す。乾式二重壁は、厚さ12.5mmの普通石膏ボード（または強化石膏ボード）と厚さ9.5mmの硬質石膏ボードを重ね貼りしたもので独立間柱による二重壁を構成し、70〜100mmの空気層を設けてグラスウールを挿入した構造である。

隙間による遮音低下を防止するため、重ね貼りする2枚のボードのジョイント位置を変えて貼り、周囲はコーキング処理するなどの施工管理が重要である。

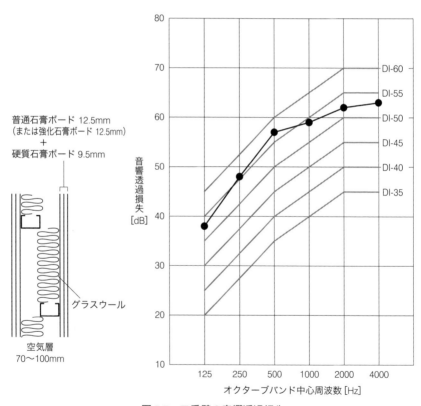

図5.5　二重壁の音響透過損失
（出典：吉野石膏株式会社「標準施工指導書」）

5.1.4 適用クラス3を満足する壁構造と遮音性能

均質単板および乾式二重壁の遮音構造の例を示す。

(1) 均質単板

代表的な遮音構造を図5.6に示す。コンクリートの場合では厚さ110〜170mmで適用クラス3を満足する。

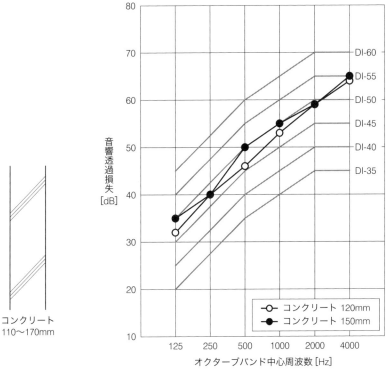

図 5.6　コンクリート 120mm、150mm 厚の音響透過損失
(出典：日本建築学会編『建物の遮音設計資料』技報堂出版、1988年)

(2) 乾式二重壁

代表的な遮音構造を図5.7に示す。乾式二重壁は、厚さ12.5mmの強化石膏ボードを2枚重ね貼りしたもので独立間柱による二重壁を構成し、75〜80mmの空気層を設けてグラスウールを挿入した構造である。

隙間による遮音低下を防止するため、重ね貼りする2枚のボードのジョイント位置を変えて貼り、周囲はコーキング処理するなどの施工管理が重要である。

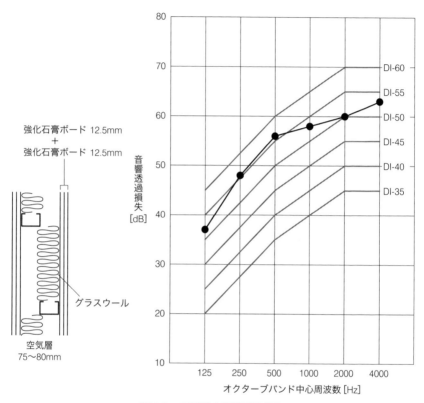

図 5.7　二重壁の音響透過損失
(出典：吉野石膏株式会社「標準施工指導書」)

5.2 話し声、テレビの音、ステレオの音

5.2.1 発生音の特徴

隣接住戸に伝搬する話し声やテレビなどの音は、壁を透過して伝わる空気音である。その周波数特性は、図 5.8(a)、5.8(b) に示すように中音域でレベルが大きく、低音域でレベルは比較的小さい。話し声のレベルは 75〜80dBA、ニュースやドラマなどのテレビの聴取音は 68〜79dBA、音楽番組（歌謡曲、ポップス）の大きめのテレビの聴取音は 80〜83dBA である。

ステレオの再生音は音楽の種類や聞き方によって異なるが、一般的には図 5.8(c) に示すように 77〜85dBA 程度である。

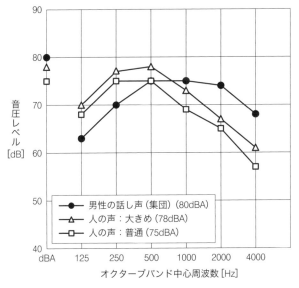

図 5.8(a)　発生音のレベル（話し声）
（出典：日本建築学会編『集合住宅の遮音性能・遮音設計の考え方』日本建築学会、2016 年）

5 章　生活騒音の防止設計

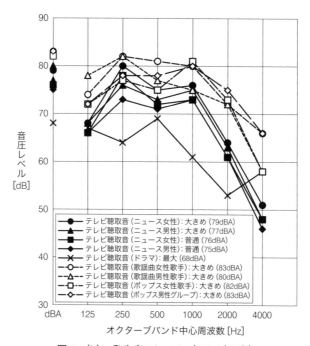

図 5.8(b)　発生音のレベル（テレビの音）
（出典：日本建築学会編『集合住宅の遮音性能・遮音設計の考え方』日本建築学会、2016 年）

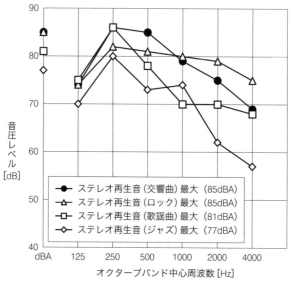

図 5.8(c)　発生音のレベル（ステレオの音）
（出典：日本建築学会編『集合住宅の遮音性能・遮音設計の考え方』日本建築学会、2016 年）

5.2.2 防止設計法

(1) 遮音性能の目標値

日本建築学会の「考え方」では適用クラス2（空気音遮断性能等級DI-50）を推奨している。

(2) 遮音構造

クラス2を満足する遮音構造例としては、厚さ200mmのコンクリート壁が挙げられる。

(3) 隣接住戸に伝搬する音の予測例

界壁を厚さ200mmのコンクリートとした場合、音響透過損失は図5.2 (p.87) に示すとおりである。一般的な内装仕上げの場合、室間音圧レベル差と音響透過損失は同程度の値となるため、受音室のレベルは音源室のレベルから界壁の音響透過損失を減じた値となる。

図5.8(a)の話し声、図5.8(b)のテレビの聴取音および図5.8(c)のステレオの再生音について隣接住戸への透過音を予測計算した結果は表5.1のようになる。

表5.1 話し声、テレビの音、ステレオの音に対する透過音

音源	透過音のレベル（A特性音圧レベル）
話し声	23〜27dBA
テレビの音（ニュース、ドラマ）	18〜28dBA
テレビの音（歌謡曲、ポップス）	27〜31dBA
ステレオの音	28〜34dBA

空気音遮断性能等級クラス2に対応した遮音構造を採用することにより、話し声やニュース、ドラマ、音楽番組（歌謡曲、ポップス）などのテレビ聴取音は30dBA程度（以下）となり、ステレオ再生音は35dBA以下となる。

5.3 重量床衝撃音

重量床衝撃音は、床スラブの厚さや面積、梁の支持条件などによって発生音のレベル大きく変わるため、防止設計は構造設計の段階での検討が必要となる。

5.3.1 防止設計の進め方

(1) 遮断性能の目標値の設定

遮断性能の目標値は、表 3.4（p.60）に示した適用クラスと遮断性能等級をもとに、建物のグレードや発注者が要求する性能水準などに応じて設定する。日本建築学会の「考え方」ではクラス2（遮断等級 BA-45）を推奨しており、標準重量衝撃源（ゴムボール衝撃源）を用いて測定したA特性床衝撃音レベルの値が 45dBA の場合に相当する。

(2) スラブ厚さと重量A特性床衝撃音レベルの関係

重量床衝撃音のレベルは、床スラブの厚さや面積、梁の支持条件などによって変わるため、基本設計の段階で床スラブの厚さと床衝撃音レベルの傾向を把握しておくことが重要である。

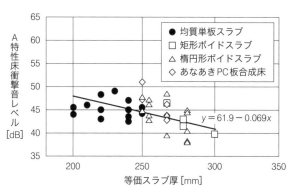

図 5.9　等価スラブ厚とA特性床衝撃音レベルの関係

図 5.9 に、竣工時の実測データをもとに導き出した各種床構造の等価スラブ厚と重量 A 特性床衝撃音レベルの関係を示す。均質単板スラブ、ボイドスラブ、穴あき PC 板合成床を用いて、乾式二重床、直貼り床などで仕上げた合計 34 例のデータをプロットしている。等価スラブ厚とは、各種スラブ構造の曲げ剛性を計算して均質単板のスラブ厚に換算した厚さをいう。

測定データによるばらつきはあるが、等価スラブ厚が厚いほど重量 A 特性床衝撃音レベルが低下する傾向が見られ、およそ次の関係が読み取れる。

○ 250mm 以上で 45dBA（BA-45）を満足する
○ 200mm 以上で 50dBA（BA-50）を満足する

(3) 床衝撃音レベルの予測

重量床衝撃音の予測方法として、日本建築学会ではインピーダンス法を提案している（参考文献 4）参照）。床スラブの曲げ振動が一次固有振動数で最も振動しやすくなる特性に着目して、インピーダンス法では、対象とする無限大平板を加振したときの振動のしにくさ（インピーダンス）を基本として、梁による拘束の影響とスラブの共振の影響を補正して床スラブのインピーダンスを求める。これらを計算式化して、加振源の衝撃力に対応する床衝撃音レベルの計算を行う。

計算手順としては、まずボール衝撃源の加振力に対する周波数別の床衝撃音レベルを式 5.1 によってスラブ素面について求める。

　　重量床衝撃音レベル＝スラブ素面の重量床衝撃音レベル
　　　　－床仕上げ構造による重量低減レベル［dB］　　　　式 5.1

続いて、求めた周波数別の床衝撃音レベルを用いて A 特性床衝撃音レベルに換算し、予測値とする。一般に、式 5.1 の計算では床仕上げ構造による減衰レベルは小さいため考慮せずに、スラブ素面について行われる。

なお、インピーダンス法はパソコンの表計算ソフトを用いて簡便に床衝撃音レベルを計算できる利点は大きい。しかし、予測精度は±1 ランク（5dB）程度あるため、床衝撃音遮断性能の保証に用いる場合は安全率を考慮する必要がある。

5.3.2 床衝撃音遮断性能の検討例

　適用クラス 2 および 3 を満足する均質コンクリート床について、インピーダンス法による重量床衝撃音レベルを求めて検討した例を示す。検討対象とした居室は、一般的な集合住宅の室面積をカバーする住居モデル A ～ C であり、図 5.10 に示す室面積および梁の支持条件が異なる全 9 室である。各居室の天井高さは 2.5m とした。

a) 住居モデル A：スパン 12m × 7m
b) 住居モデル B：スパン 8m × 6m
c) 住居モデル C：スパン 8m × 6m（小梁付き）

　均質コンクリートの床スラブの厚さをパラメーターとして、重量 A 特性床衝撃音レベルを計算した結果を表 5.2 の右欄に示す。計算結果からは、適用クラスとそれを満足するスラブ厚には次の関係が示された。

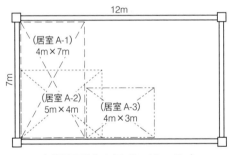

a) 住居モデル A（スパン 12m×7m）

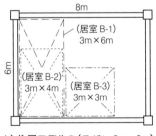

b) 住居モデル B（スパン 8m×6m）

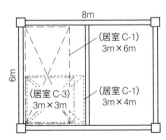

c) 住居モデル C（スパン 8m×6m）

図 5.10　計算例の居室プラン

○クラス2（45dBA）を満足するスラブ厚さは230〜260mm
○クラス3（50dBA）を満足するスラブ厚さは180〜200mm

表5.2 遮断性能の適用クラス2と3を満足する床スラブ厚

住居モデル	スパン[m]	計算居室	居室寸法[m]	梁の支持条件	適用クラス2を満足するスラブ厚さ[mm]	適用クラス3を満足するスラブ厚さ[mm]
A	12×7	A-1	4×7	3辺固定	260	200
		A-2	5×4	2辺固定	240	190
		A-3	4×3	1辺固定	250	190
B	8×6	B-1	3×6	3辺固定	250	190
		B-2	3×4	2辺固定	230	180
		B-3	3×3	1辺固定	230	180
C	8×6 小梁付き	C-1	3×6	3辺固定	250	190
		C-2	3×4	3辺固定	250	200
		C-3	3×3	2辺固定	260	200

5.4 軽量床衝撃音

　軽量床衝撃音の防止設計は、一般的には前項の重量床衝撃音の防止設計によって床スラブの構造が決定された後に、床仕上げ構造を組み合わせて遮断性能の検討が行われる。

5.4.1　防止設計の進め方
(1) 遮断性能の目標値の設定

　遮断性能の目標値は、表3.5 (p.60) に示した適用クラスと遮断性能等級をもとに設定する。日本建築学会の「考え方」では適用クラス2（遮断等級 TA-45）を推奨しており、標準軽量衝撃源を用いて測定したA特性床衝撃音レベルの値が45dBAの場合に相当する。

(2) スラブ厚さと軽量A特性床衝撃音レベルの関係

　軽量床衝撃音のレベルは床仕上げ構造に大きく影響されるが、重量床衝撃音と同様にスラブ素面の床衝撃音レベルが基本値となる。そのため、スラブ素面の軽量床衝撃音レベルの傾向を把握しておくことが重要である。

　図5.11に、均質単板スラブと中空スラブの床構造について、実測データをもとに導き出した等価スラブ厚と軽量A特性床衝撃音レベルの関係を示す。

　測定データによるばらつきはあるが、等価スラブ厚が150〜270mmの範囲では軽量A特性床衝撃音レベルにほとんど変化がない傾向が確認できる。

(3) 床衝撃音レベルの予測

　軽量床衝撃音の予測方法として、日本建築学会では前項の重量床衝撃音と同様にインピーダンス法を提案している（参考文献4）参照）。この予測方法では、対象とする床スラブの無限大平板を加振したときの振動のしにくさ（インピーダンス）を求める。

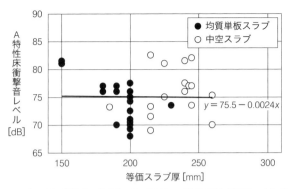

図 5.11 床スラブ素面の等価スラブ厚と A 特性床衝撃音レベルの関係

　軽量 A 特性床衝撃音レベルの計算手順としては、まずタッピング衝撃源の衝撃力に対する周波数別の床衝撃音レベルを、式 5.2 によってスラブ素面の床衝撃音レベルに床仕上げ構造による低減レベルを補正して求める。

　　軽量床衝撃音レベル＝スラブ素面の軽量床衝撃音レベル
　　　　　　　　　　　－床仕上げ構造による低減レベル ［dB］　　　　式 5.2

　続いて、求めた軽量床衝撃音レベルを軽量 A 特性床衝撃音レベルに換算し、予測値とする。なお、床スラブの下に天井を設ける二重天井の影響については明らかではないため、インピーダンス法による軽量床衝撃音の予測計算では考慮しない。

5.4.2　床衝撃音遮断性能の検討例

　適用クラス 2 および 3 を満足する均質コンクリートの床構造について、インピーダンス法による軽量 A 特性床衝撃音レベルの計算値から検討した例を示す。検討対象は前項の重量床衝撃音の検討に用いた図 5.12 に示す 12m^2（3m × 4m）の B-2 の居室であり、計算条件を次に示す。

　なお、床仕上げ構造による軽量衝撃音の低減レベルは差異が大きいため、実験データの最小値を用いた（参考文献 1）参照）。

①床仕上げ構造：図 5.13 に示す 4 種類

　a）カーペット（パイルカーペット 7 〜 11mm、緩衝材 4mm 厚）

b) 建材畳（25mm 厚）
c) 直貼り木質フローリング（クッション層 4〜5mm）
d) 乾式二重床（仕上げ高さ 120〜130mm、防振支持脚）
②居室条件：上階および下階の室寸法は 3m × 4m、天井高さ 2.5m
　　　　　　床は木質フローリング
　均質コンクリートの床スラブの厚さをパラメーターとして、軽量 A 特性

図 5.12　計算例の居室プラン

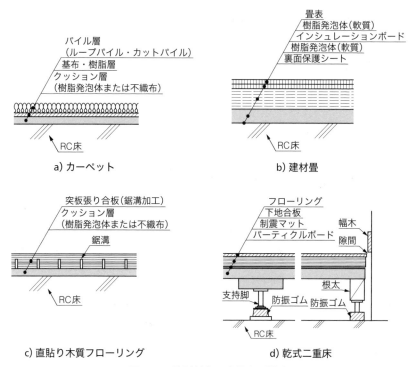

図 5.13　検討対象の床仕上げ構造

床衝撃音レベルを計算した結果を図5.14に示す。計算結果からは、適用クラスと満足するスラブ厚には次の関係が示された。

①適用クラス2（45dBA）を満足するスラブ厚
　○カーペット：スラブ厚230mm
　○建材畳：スラブ厚150mm
　○木質フローリング：スラブ厚180mm
　○乾式二重床：スラブ厚250mm

②適用クラス3（50dBA）を満足するスラブ厚
　○カーペット：スラブ厚160mm
　○建材畳と木質フローリング：スラブ厚150mm
　○乾式二重床：スラブ厚180mm

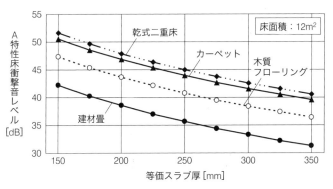

図5.14　各種床仕上げ構造のA特性床衝撃音レベル予測例

表5.3　遮断性能の適用クラス2と3を満足する床スラブ厚

床仕上げ構造		床スラブ	適用クラス2を満足するスラブ厚さ（mm）	適用クラス3を満足するスラブ厚さ（mm）
カーペット	緩衝材4mm	均質コンクリート	230	160
建材畳	25mm厚		150	150
木質系フローリング	緩衝材1～4mm		180	150
乾式二重床	防振支持脚		250	180

注：スラブ厚さは150mmを最小とした概算値を示す。

5.5 浴室からの落下音

5.5.1 発生音の特徴

床スラブの大型化によって同じスラブ内に浴室と居室が配置されたり、フリープランの集合住宅で居室の直上に浴室が配置された場合、上階の浴室でシャンプーボトル、手桶、洗面器などが落下した際に直下や斜め下の居室で「コン」「コツン」という音が聞こえることがある。これらの落下音は浴室固体音といわれ、落下の衝撃によってバスユニットの床で発生した振動が、バスタブの支持脚を介して床スラブに伝搬し、下階居室で音として放射される固体音である。

浴室固体音の特徴としては、衝撃源が洗面器、手桶、シャンプーボトル、シャワーヘッドなど多種にわたり、落下高さは10cm程度から120cm程度以上までと幅広いことが挙げられる。

図 5.15　浴室固体音の発生

5.5.2 目標性能

(1) 目標性能

浴室固体音の評価方法は規定されていないが、下階居室で測定した落下音のレベルの評価値として表 3.5（p.60）に示す軽量床衝撃音遮断性能の適用クラスが参考となる。

　○クラス2：最大A特性音圧レベルで45dBA
　○クラス3：最大A特性音圧レベルで50dBA

5.5.3 防止設計法

浴室固体音の基本的な防止策としては、ユニットバスの支持脚を防振す

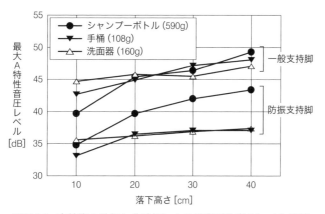

図 5.16　支持脚の防振と非防振による浴室固体音のレベル比較
(出典：中川清「浴室固体音の標準測定法の検討」『騒音制御』Vol.35、No.4、日本騒音制御工学会、2011年)

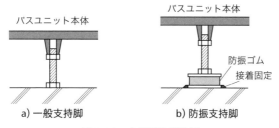

図 5.17　支持脚の構造例
(出典：中川清「浴室固体音の標準測定法の検討」『騒音制御』Vol.35、No.4、日本騒音制御工学会、2011年)

る方法が考えられる。

　メーカーから製品化されている非防振の支持脚（以降、一般支持脚と記す）と防振支持脚で支持されているユニットバスを対象として、シャンプーボトル、手桶および洗面器を衝撃源に用いて直下の居室で発生する落下音のレベルを実測した結果を図5.16に示す。

　落下音のレベルは衝撃源の落下高さが高いほど大きくなる傾向が見られ、ユニットバスを防振支持脚することで非防振の支持脚の場合と比較すると5〜10dBA程度減少している。この結果、落下高さが40cm以下の条件では、一般支持脚の場合はおよそ45〜50dBAだったのに対して、防振支持脚の場合では35〜45dBAへ低下していることがわかる。

5.6　トイレからの放尿音

5.6.1　発生音の特徴

　一般的な集合住宅では、各階の平面プランが同一であることが多く、トイレの直下はトイレという配置になる。この結果、下階居室では男性の放尿により発生する音でクレームが生じることは稀である。しかし、集合住宅のフリープラン化に伴いトイレの下に居室が設けられるようなプランも見られ、その場合には放尿音が聞こえてクレームになることがある。

　また、以前の集合住宅では一般的に水廻りと居室との間に小梁が設けられていたことから、水廻りで発生した振動は居室に伝わりにくかったが、近年は大スパンのスラブが採用されることが多くなった結果、図5.18に示すように居室に振動が伝わりやすく、放尿音の放射によりクレームが発生することがある。

　トイレからの放尿音は、放尿による音と認識されやすくクレームになる可能性が高いことが特徴として挙げられる。

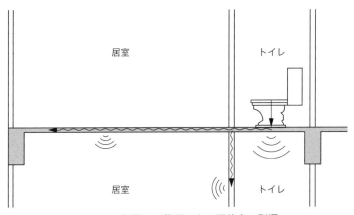

図 5.18　便器への放尿による固体音の影響

5.6.2 防止設計法

防止設計の目標としては、聞こえないレベルに設定すべきである。

放尿音は、尿が便器内の水と衝突したときに便器に発生する振動が直下や斜め下の住戸の居室内装に伝わり、音として放射される固体音である。便器を乾式二重床上に設置する場合には、発生音のレベルは低くほとんど問題はないが、便器をコンクリートスラブに直接、あるいはPタイルや長尺塩ビシートや緩衝材のないフローリング上に設置する場合にはクレームが発生することがある。

簡易な低減方法としては、図5.19に示すようにゴムパッド上に便器を設置する方法があり、専用ゴムパッドも販売されている。上階便器からの放尿音を便器の防振対策前後で比較した測定例を図5.20に示す。防振ゴムパッドによる対策によって放尿音のレベルは暗騒音に近いレベルにまで低減されており、ゴムパッドの有効性が確認できる。

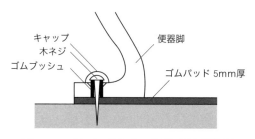

図5.19 ゴムパッドによる便器の防振対策例

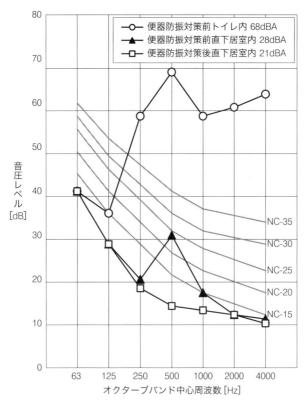

注：NC値については、p.118を参照のこと。

図 5.20 トイレ直下の居室における放尿音の測定例

5.7 トイレなどの排水音

5.7.1 発生音の特徴

排水騒音は、図 5.21 に示すように、トイレや浴室、シンクからの排水時に管壁から居室内に放射される音と、排水時に管に発生する振動が支持部・貫通部から建物躯体に伝わり、居室の内装材から放射される固体音に分けられる。排水管が便所内・居室内に剥き出しで配管されることが多かった以前の集合住宅では、管壁からの放射音の影響は大きく、クレームの

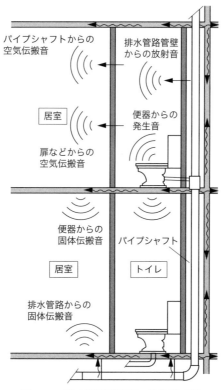

図 5.21　排水管路系騒音の発生模式図

原因となっていた。それに対して、近年はパイプシャフト内に配管されることが一般的となり、管壁からの放射音よりも固体音の影響が大きくなっている。管壁からの放射音は聴感上は「ジョロ・ジョロ」という音に聞こえ、クレームとなることがある。

なお、排水に伴う発生音のレベルは比較的小さいにもかかわらず、トイレなどの排水に絡んだ音ということでクレームになりやすい

(1) 排水管管壁からの放射音

集合住宅で排水竪管がパイプシャフト内に配管されたり、シンク、浴槽などからの排水管が床スラブ上で横引きされている場合には、管壁からの放射音がクレームになることはまずない。

近年は、排水管を横引きにせず個別の排水竪管をシンク、便器、浴槽の近くに配置するケースが増えている。それらの排水竪管は、居室の隅などに設けたパイプシャフト内に設置されることが多い。パイプシャフトは石膏ボードで囲う場合が一般的であるが、その遮音性能が低い場合には図

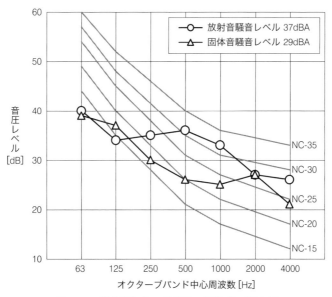

図 5.22 排水管からの放射音、固体音の測定例

5.22 の〇印に示すような排水音が聞こえることがある。

(2) 排水管からの固体音

排水竪管は最下部で床下あるいはピロティなどの共用部で横引くことが一般的であるが、排水が竪管を落下し横引き管と接続する曲がり管に衝突する際に配管に振動が発生しやすい。その振動が貫通部・支持部から建物躯体を介して居室の内装に伝搬し、固体音として放射される。固体音の測定例を図 5.22 の△印に示す。

5.7.2　防止設計法

(1) 排水管管壁からの放射音

放射音の低減対策としては、パイプシャフト壁の遮音性能を向上させるほかに、管自体を遮音する方法がある。排水管に各種被覆材料を施工した場合の低減効果の測定結果を示したものが図 5.23 である。

被覆材には中音域で放射音が増幅する傾向が見られ、特に発泡スチロール製の保温筒を被覆した場合には顕著である。図に示された被覆方法の中では、グラスウール保温筒を巻き、さらに鉛板を巻く方法が低減方法としては最も有効である。

(2) 排水管からの固体音

排水管からの固体音の低減対策として、排水により発生した管壁の振動を支持躯体に極力伝搬させないようにする必要がある。しかし、一般的には竪管の貫通部は荷重を受けるために床バンドで固定されているうえに、防火処理としてモルタルで埋め戻されているため、振動を低減することは困難である。

図 5.25 に床バンドで固定しモルタルで埋め戻した支持工法を基準として、図 5.24 に示す他の 4 つの支持工法で支持した場合についての排水時固体音の低減効果を測定した結果を示す。d) のロックウールを充填し、表面をモルタルで埋めた場合以外の方法では固体音低減効果が得られていることが確認できる。

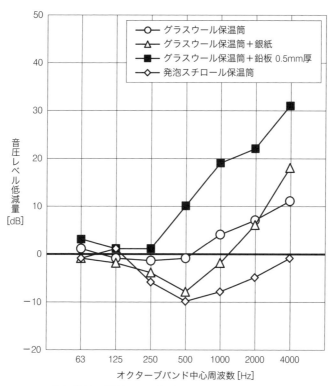

図 5.23 各種管被覆材料による管壁からの放射音低減効果の測定例

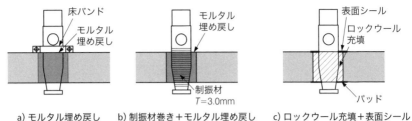

a) モルタル埋め戻し　　b) 制振材巻き＋モルタル埋め戻し　　c) ロックウール充填＋表面シール

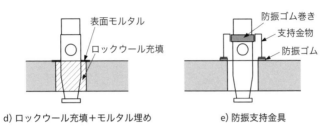

d) ロックウール充填＋モルタル埋め　　e) 防振支持金具

図 5.24　排水継手の床貫通部支持工法

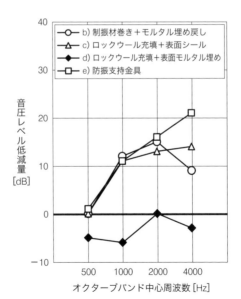

図 5.25　排水継手の床貫通部支持工法の固体音低減効果の測定例
(出典：三井住友建設技術研究所測定)

コラム⑧

お互い様では済まされない床衝撃音

　床衝撃音は、上階で子供が走りまわったり物が落下することにより直下の住居で発生します。つまり、常に上階居住者が加害者で、下階居住者は被害者となる一方向に伝搬する騒音であることが大きな特徴です。

　走りまわる子供の年齢は歩きはじめる1歳ごろから小学低学年頃までに限定されるとはいえ、早朝に「ドンドン」と走りまわる音が上階から聞こえてくると、直下住居で静かに暮らしている老夫婦や一人暮らしの居住者にとっては耐えがたい音に感じられることもあります。その結果、人間関係が極度に悪化したり、管理組合での問題になることもめずらしくありません。

　床衝撃音はこうした特殊な状況によって発生するため、集合住宅の遮音設計では重要な課題といえます。

コンクリート壁に鉛シートを貼っても遮音は改善できない

　コンクリートのような一重壁の遮音性能（音響透過損失）は質量則に依存するため、200mm から 400mm と厚さを 2 倍にしても 5〜6dB しか向上しません。

　また、厚さ 200mm のコンクリート壁に厚さ 1mm の鉛シートを直貼りした場合、面密度の増加分をコンクリートに換算すると 5mm の厚さとなり、全体として厚さ 205mm のコンクリート（厚さは 1.02 倍）に相当し、音響透過損失の増加分は 0.2dB であり遮音性能は改善されません。

　遮音性能を改善するためには、ボードをコンクリート壁から空気層を設けて設置する二重壁の構造とすることが効果的です。二重壁による改善効果量は、ボードの質量が大きいほど、空気層が厚いほど大きくなり、また中空部にグラスウールのような吸音材を挿入すると改善量が増加します。

6章

設備騒音の防止設計

集合住宅には、空調設備、換気設備、給排水衛生設備、電気設備、昇降設備、駐車場設備等の多くの建築設備機器が設置される。各設備機器から発生する騒音や振動の居室への影響の大きさは様々であり、それぞれの特徴を理解した上で騒音の防止設計を進める必要がある。

　ここでは、特に留意すべき設備機器として、給水設備（給水ポンプ、管路）、給湯設備（給湯器）、ディスポーザー・排水処理槽、送風機、自動扉、空調室外機、受変電設備（変圧器、コンデンサー）、エレベーター、駐輪設備、機械式駐車設備、電動シャッターを対象に、発生音の特徴と防止設計方法を概説する。

　なお、設備騒音の評価にはNC（Noise Criteria）値を用いることが多いため、本章における音の測定結果の図にはNC曲線（図6.1）を併記しているものもある。NC値は、オクターブバンドの音圧レベルの値をNC曲線の図にプロットして、すべての周波数帯域においてある評価曲線を下回るときのNC曲線の呼称で表す。寝室に対してはNC-25〜30が推奨されている。

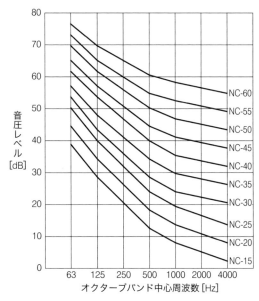

図 6.1　NC 曲線

6.1　給水設備の音

6.1.1　発生音の特徴

近年の集合住宅では、水道管から直結して小型タンクを有した給水圧力ポンプに接続して給水する方法が一般的に採用されている。

ポンプが機械室内に設置される場合には、ポンプ本体からの直接音（空気音）がクレームとなるケースは少ないが、屋外に設置される場合には非常に暗騒音の低い居室、または暗騒音が低くなる夜間等においてポンプの

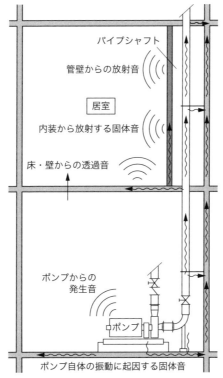

図 6.2　ポンプ管路系騒音の発生模式図

稼動音でクレームが発生することもある。多くの事例から、ポンプの音は図 6.2 に示すようにポンプの振動が直接、あるいは管路を介して建物躯体に伝搬して放射される固体音であることが明らかになっている。

パイプシャフトに隣接する居室において、防振支持されていない冷温水管路からの固体音を測定した結果を図 6.3 に示す。周波数特性はポンプの回転数にポンプのブレード枚数を乗じた数の周波数に一致する 250Hz 帯域で顕著に卓越しており、一般に 100 〜 250Hz のいずれかの周波数で卓越する。ポンプの音は、聴感上「ブーン」という耳につく小さなレベルでも感知されやすい音なので、クレームとなることが多い（コラム⑩、p.156 参照）。

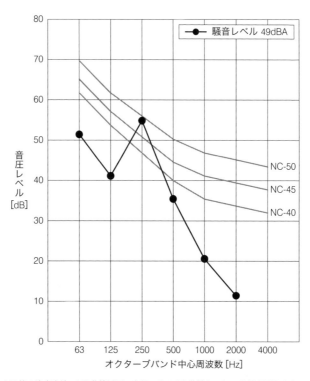

NC 値の決定方法：NC 曲線以下であり、その NC 曲線とのレベル差が最も小さい測定値の周波数帯域を抽出する。この周波数帯域における値の直上の NC 曲線が評価された NC 値となる。この事例では抽出（決定）された周波数は 250Hz 帯域で、NC 値は NC-50 となる。

図 6.3　冷温水管路からの固体音の測定例

6.1.2 防止設計法

(1) 振動源での対策

振動源の対策としては、過剰設計にならないように、容量の小さい、加振力ができるだけ小さい機器を選定することが基本となる。

(2) ポンプの防振支持

ポンプの設置部分から直接躯体に伝搬する振動を低減するには、ポンプ本体だけでなく、接続管路も防振支持する必要がある（図6.4）。

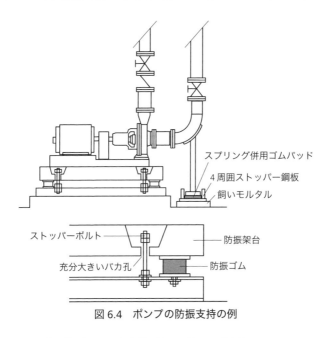

図6.4　ポンプの防振支持の例

(3) フレキシブル継手、パイプサイレンサーの設置

ポンプから管路内には100〜250Hzの脈動が放射され、それが水中を伝搬することにより管壁に振動が生じて固体音が発生する。したがって、管壁振動ではなく水中音を十分に低減できるフレキシブル継手、またはパイプサイレンサー（消音器）の設置が必要になる。

図6.5に汎用のゴム系フレキシブル継手における水中音の低減効果測定結果を示す。これは、7種類の継手による低減レベルを幅で示した結果で

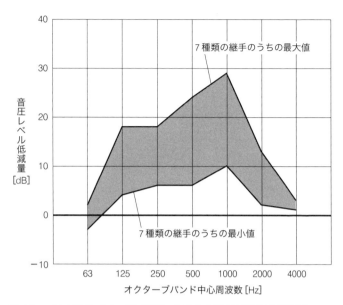

図 6.5　ゴム系フレキシブル継手による水中音低減効果の測定例

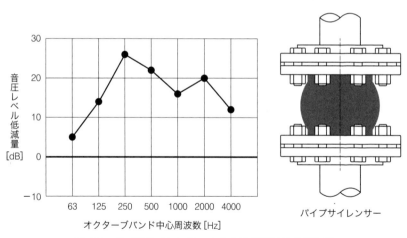

図 6.6　パイプサイレンサーの水中音低減効果の測定例

ある。ポンプ管路系固体音で問題となる 125、250Hz の周波数帯域では、5〜18dB 程度の低減効果が得られていることがわかる。

ゴム製のフレキシブル継手には多くの種類があり、製品によっては低減効果に 10dB 以上の差が見られる。また、継手の軸方向と断面方向のいずれもバネ定数が小さい方が低減効果が大きくなる傾向にある。

図 6.6 にはパイプサイレンサー（管径 65A）の水中音についての低減効果の測定例を示しており、125Hz で 14dB、250Hz で 26dB の低減効果が得られている。

(4) 管路の防振支持

管路系の固体音は、小口径の管路からでも大きな影響を与えることが多い。そのため、ポンプおよび管路での対策に加えて、管路から建物躯体への振動を低減する対策も重要である。図 6.7 には、管路の防振支持と建物躯体貫通部での処理の例を示す。

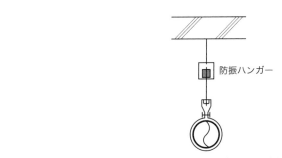

a) 配管の防振ハンガー吊りの例

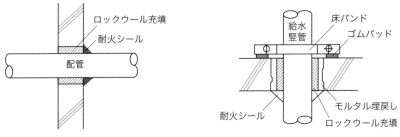

b) 配管の壁貫通部処理の例　　c) 給水縦管の床貫通部処理の例

図 6.7　配管の防振支持、壁・床の貫通部処理の例

6.2　給湯設備の音

6.2.1　発生音の特徴

集合住宅の各住戸に設置される給湯器は共用廊下のパイプシャフト内に設置されることが一般的であった。近年は給湯器をバルコニー側の外壁に設置するケースも増えており、その結果、給湯器の振動に起因した固体音のクレームが発生することがある。また、給湯器には浴槽との間で温水を循環する小型のポンプが設置される方式もあり、その固体音のクレームも発生している。

6.2.2　防止設計法

図 6.8 には、共用廊下に面したパイプシャフト内に設置された給湯器から隣住戸へ伝搬する固体音の測定例を示した。200Hz の周波数において顕

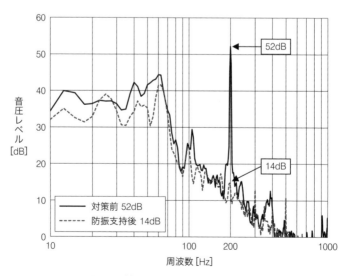

図 6.8　給湯器からの固体音の測定例

著に卓越しているが、聴感上は「プーン」と聞こえて気になりやすい純音性の高い音（コラム⑩、p.156 参照）である。これは、浴槽湯の追い炊き用循環ポンプからの固体音である。

図 6.9 に示すように、給湯器をパイプシャフト扉枠から防振支持した結果、200Hz の音は 52dB から 14dB に低減して聞こえなくなった。この事例が示すように、小型であっても循環ポンプを内蔵している給湯器を設置する場合には、防振支持が騒音低減に有効である。

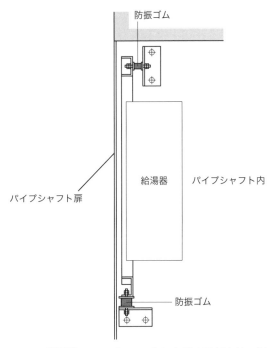

図 6.9　給湯器のパイプシャフトにおける防振支持の例

6.3 ディスポーザー、排水処理槽の音

6.3.1 発生音の特徴

　生ごみを破砕するディスポーザーは、破砕時の振動がシンク、建物躯体に伝搬し、直下住戸居室などに固体音として放射される。また、ディスポーザーからの排水は地下等に設置された排水処理槽にて水質を改善・浄化した後に下水道に排出される。好気性生物処理タイプの排水処理槽では、曝気(ばっき)エアを発生させるためのブロワーや曝気エアを振動源として処理槽に振動が発生する。その振動は、建物躯体を介して住戸居室に伝搬して固体音として放射される。この固体音により、クレームが発生することがある。

6.3.2 防止設計法

(1) ディスポーザーからの音

　ディスポーザーが集合住宅に設置されはじめた当初には、防振対策などに関して多くの実験が行われた。

　図 6.10 はコンクリート製の箱型実験室の天井スラブ上にシンクを設置し、ディスポーザーを 3 種類の方法で取り付け、鳥の骨を生ごみとして破砕して防振方法の低減効果を測定した事例である。

　防振材を極端に柔らかくした改良型の防振支持によって騒音レベルは直付けの場合よりも 17dB 低減でき、直下室内に放射される音を 27dBA に低減することが確認できる。現在は、すべてのメーカーが同様な防振性能を有する防振装置で支持する方法を採用している。

(2) ディスポーザー処理槽からの音

　ディスポーザー処理槽からの音を低減する対策としては、設備側で行う方法と建物側で行う方法に大別される。主な対策方法を以下に示す。

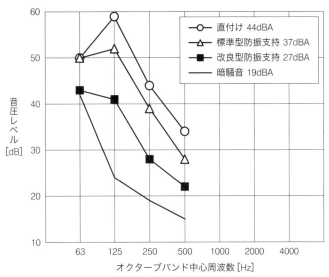

図 6.10 ディスポーザーからの固体音の測定例

① 設備側の対策

ブロワーの防振支持、配管の防振支持、配管貫通部の振動絶縁、散気管の孔径を小さくして気泡を微細化、処理槽を防振支持（躯体水槽ではない場合）する。

② 建物側の対策

FRP 製の水槽を採用する場合には水槽自体を防振支持すればよいが、コンクリート躯体水槽の場合には防振支持することは難しい。効果的な対策方法としては、防振材により液体と水槽躯体を振動絶縁する方法が挙げられる。

水槽躯体内の振動絶縁方法の例を図 6.11 に示す。防振材としてはなるべく柔らかい材料が振動絶縁には有効であり、水圧に対する耐荷重性、浮力による剥離の防止性、腐食に対する耐久性（防食）が必要である。

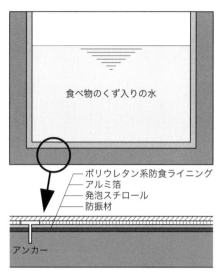

図 6.11 水槽内の振動絶縁の例
(出典:増田潔「躯体水槽の水中音に起因する固体音の低減」『音響技術』No.145(Vol.38、No.1)、日本音響材料協会、2009 年)

6.4 送風機の音

6.4.1 発生音の特徴

集合住宅には、電気室、設備機械室、駐車場等に換気用の送風機や換気扇が設置される。送風機の音は、ダクト内を伝搬して吸気口や排気口から屋外に放射される空気音と、送風機やダクトの振動が支持部から建物躯体に伝搬して居室内装から放射する固体音に大別される。

図 6.12 は送風機にダクトで接続された換気口から放射された音の測定例を示しており、低周波数の音が大きいことが確認できる。

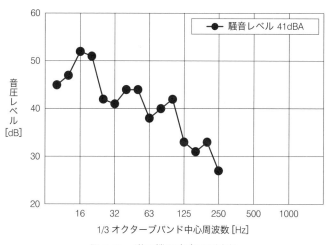

図 6.12　送風機発生音の測定例

6.4.2 防止設計法

(1) 空気音

送風幾にダクトで接続された吸気口や排気口から屋外に放射される空気音を低減する方法としては、ダクトの途中に消音器を設置することが挙げ

られる。

　一般的に採用されているダクトの曲がり部に設置する消音エルボの減音量の測定結果を図 6.13 に示す。

　送風機の音は前記したように低音域の音が大きい。一方、多くの一般的な消音器は消音エルボの例に示すように低音域の減音量が小さいため、低音域の減音量が大きい消音器を採用することが基本的な考え方となる。また、メーカーのカタログに表示されている低減量はそれぞれ異なる測定方法によって求められたデータであり、測定方法によって結果が大きく異なることに注意する。

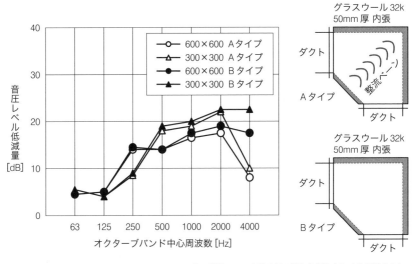

注：整流ベーンとは空気の流れを滑らかにする羽根のこと。

図 6.13　消音エルボの減音量の測定例
（出典：日本騒音制御工学会編『騒音制御工学ハンドブック［資料編］』技報堂出版、2001 年）

(2) 固体音

　チャンバーやダクトは、送風機本体とキャンバス継手で接続される。キャンバス継手は送風機のケーシングからチャンバーやダクトに伝搬する振動は低減できるが、送風空気の脈動により発生する振動に対しては低減効

果がない。このため、送風機本体の防振支持だけではなく、接続されているチャンバーやダクトも防振支持する必要がある。特にチャンバーの防振は不可欠である。

送風機で最も低い周波数の振動が生じるのは送風部で、一般的には10Hz前後であり、体感振動として影響する場合もある。この周波数でも十分な防振効果を得るためには、コイルばねの防振材により送風機を防振支持する必要がある。

また、接続ダクト系の圧力損失が大きい場合には、圧力による反力で送風機が横方向にずれてしまい、耐震ストッパーが接触して防振効果を損なう場合がある。したがって、送風機は、稼動時に耐震ストッパーが接触しないように設置する必要がある。

また、壁や床を貫通するダクトは、貫通部において躯体とダクトが接触しないように処理する必要がある。

図6.14および6.15に送風機の防振支持の例を示す。

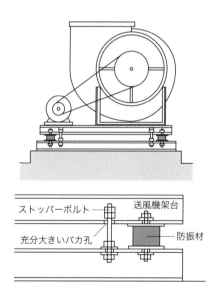

図6.14 耐震ストッパーボルトを用いた送風機の防振支持の例

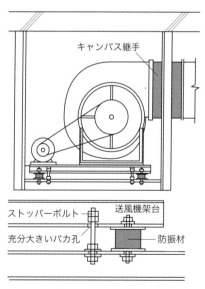

図6.15 耐震ストッパーボルトを用いた天井吊り送風機の防振支持の例

6.5　自動扉の音

6.5.1　発生音の特徴

　集合住宅では、エントランスの出入り口に自動扉が採用されることが一般的になっている。扉の開閉時には、図 6.16 に示すように駆動部・走行部で発生した振動が上階住戸に伝搬して、居室内装から放射される固体音がクレームになることがある。音の原因は自動扉の稼動状態により様々で、扉の開き始めと終わりにはオートロックの解錠・施錠による衝撃音が、またその間にはモーター・変速器の回転音や、扉サッシの稼動に伴う音などが発生する。

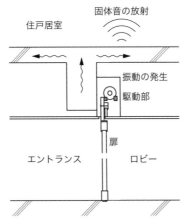

図 6.16　自動扉からの固体音の伝搬模式図

6.5.2　防止設計法

　近年の自動扉と比べると、かつての自動扉は振動対策が不十分で、固体音はかなり大きく、その点では参考にならない。しかし、発生音のメカニズムと対策方法を理解する上では参考になるため、かつての自動扉におけ

る対策前後の稼動音の測定例を図 6.17 に示す。この事例では、以下の 3 項目の低減対策を実施した。

①オートロック装置を衝撃振動の小さいものに変更した。

②モーターと変速器の加振力を小さくする目的で、開閉速度を 0.5m/s から 0.2m/s に下げた。

③駆動部の振動が支持フレームに極力伝搬しないように、モーター・変速器・プーリーを新たな鉄骨材に一体化して取り付け、その鉄骨材を支持フレームから防振支持した。

この結果、2 階居室の稼動音は騒音レベルで 45dBA から 29dBA に低減して、ほぼ満足できる結果が得られている。

近年は、自動扉メーカーにおいて固体音の原因となる発生振動や発生音

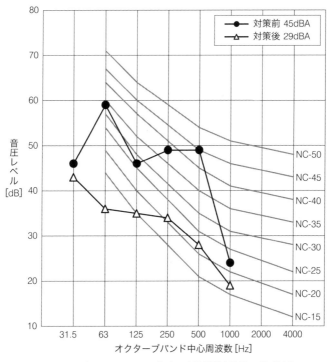

図 6.17 自動扉からの固体音の低減対策前後の比較例

の低減に対する技術開発が進められており、上記のように大きい固体音の発生はなくなってきている。近年の集合住宅に設置された自動扉の稼動に伴う固体音の測定結果を図 6.18 に示す。自動扉は、駆動部を収めているボックスを 1 階天井内で 2 階梁から防振支持したメーカーの対策仕様である。固体音のレベルは 23 〜 24dBA で、暗騒音が 25dBA 以上の集合住宅では感知されない程度に低減していることがわかる。

以上から、集合住宅では振動対策が施された自動扉の採用が不可欠であるといえる。

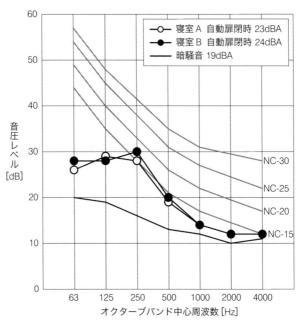

図 6.18　自動扉からの固体音の測定例

6.6 空調室外機の音

6.6.1 発生音の特徴

集合住宅の各住戸のエアコン室外機はバルコニーに設置されるが、その音が近隣の住戸へ伝搬してクレームになることは稀である。しかし、団地などの大規模な集合住宅群では、集会場や店舗などをまとめた建物が配置されることが多く、それらの空調の大型室外機が建物の屋上に設置されることがある。その際、容量が大きな空調室外機が多数設置されることで、その発生音が集合住宅の住戸に伝搬してクレームになることがある。

6.6.2 防止設計法

低減対策方法としては、まず空調室外機が設置される建物を集合住宅から極力離すことが基本となる。それが難しい場合には、空調室外機の置き場に防音塀を設置する方法が挙げられる。しかしながら、設置できる防音塀の高さには限度があり、室外機が見通せる上層階の住戸に対しては防音塀は有効ではない。

上層階の住戸にも有効な対策としては、集合住宅の窓の遮音性能を向上

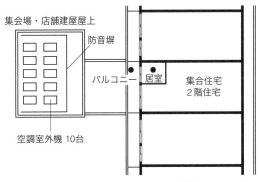

図 6.19　集合住宅に近接する空調室外機の設置例

させる方法が一般的である。図 6.19 に示すように、集合住宅に近接させて空調室外機を設置した場合のバルコニーと居室内の伝搬音の測定結果を図 6.20 に示す。居室内の騒音レベルは、窓サッシの遮音性能が T-1 相当の場合には 27dBA、また T-2 相当の場合には 24dBA に低減しており、窓サッシの遮音性能を向上させる有効性が確認されている。

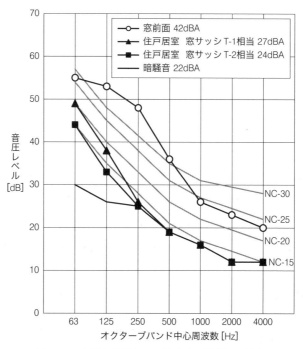

図 6.20　空調室外機からの発生音の影響の測定例

6.7 受変電設備の音

6.7.1 発生音の特徴

変圧器等の受変電設備は、建物に必ず設置される建築設備である。受変電機器は、電磁振動によって特定の周波数が顕著に卓越した純音成分の振動・音（コラム⑩、p.156 参照）が発生する。聴感上は「ブーン」という耳につく小さなレベルでも感知されやすい音であり、低減対策を講じない場合には音響上のクレームが発生しやすい。受変電機器は発生音のレベルが比較的大きく、隔壁や扉の遮音性能が低い場合には壁や扉等を透過する空気音がクレームとなることもある。しかし、クレームの多くが振動に起因する固体音によるものである。

6.7.2 防止設計法

受変電機器からの固体音の低減対策としては、機器を防振支持する方法が考えられる。しかし、防振効果を期待できない防振材が用いられていたり、防振パッド等を用いたものの耐震上アンカーボルトで固定したことにより固体音が発生し、問題となることも非常に多い。したがって、図 6.21 に示すように、防振ゴムとそれとは別途設けた耐震ストッパーボルトによ

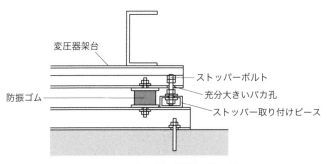

図 6.21　変圧器の防振支持の例

り確実な防振支持を行う必要がある。また、大型の受変電機器ではダクトや冷却配管が用いられるが、これらを介して受変電機器の振動が建物躯体に伝わっている場合もあり、ダクトや配管にも防振支持を施す必要がある。

2階に電気室、1階に事務室がある事務所ビルの事例ではあるが、空気音の影響がほぼないと判断された事務室での発生音を測定した結果を図6.22に示す。変圧器は防振ゴムで確実に防振されていたが、コンデンサーは直に床に固定されていた。

図に示すように、コンデンサー通電時の音は315Hzにおいて顕著に卓越しており、聴感上ははっきり「ブーン」という音が聞こえていた。一方、コンデンサーを遮断することにより、「ブーン」という音が聞こえなくなった。これらの結果から、コンデンサーも確実に防振支持する必要があることが確認された。

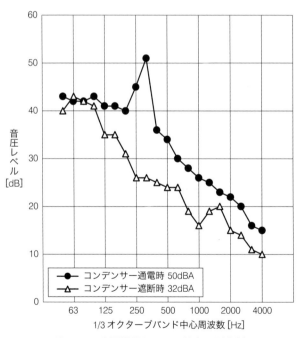

図6.22 変電機器からの固体音の測定例

6.8 エレベーターの音

6.8.1 発生音の特徴

集合住宅では、スペースの有効利用から居室に隣接させてエレベーターシャフトが設置されることが多い。その際に低減対策をせずに施工された場合には、高い静ひつ性能が要求される寝室でエレベーターからの固体音のクレームが発生する可能性は非常に高い。

エレベーター走行音は、エレベーター走行によってシャフト内に放射さ

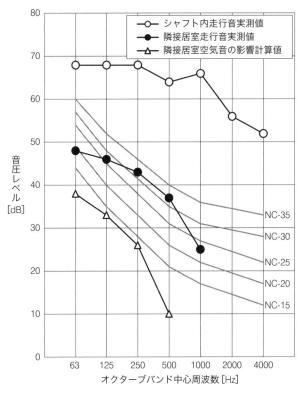

図 6.23 エレベーター走行音の測定例

れた音が隔壁を透過してくる空気音と、カゴや釣合錘(おもり)の走行によってガイドレールに生じた振動がレール支持金物を介して建物躯体に伝搬し、隣接室の壁・天井・床から放射される固体音に大別される。

通常の隔壁（コンクリート150mm厚程度）の場合では、図6.23に示すように隣接居室へ伝搬する音は固体音であり、空気音の影響は小さい。したがって、隔壁の遮音性能を上げたり、シャフト内を吸音して空気音の影響を小さくしても、居室内の音を低減する効果は期待できない。走行音の低減対策は、振動伝搬による固体音を低減させることである。

6.8.2　防止設計法

エレベーターからの固体音の低減対策は、レールで発生する振動を小さくし、レールから隣接室の壁・天井・床までの振動伝搬経路における振動減衰を大きくすることが必要である。しかし、振動の減衰に大きな効果が期待されるレールの支持方法に関しては、安全上種々の制約を受けて採用できない場合がある。そのため、低減対策では、安全を損なわない方法でレールを支持し、かつ支持金物から隣接室までの伝搬経路で振動減衰の大きい構造および平面計画にすることが必要である。

具体的な低減対策をまとめて表6.1に示す。なかでも図6.24に示すように、釣合錘用のガイドレールを構造梁から支持せずに中間ビームから支持する方法は低減効果が大きい。

また、近年はエレベーターの釣合錘とカゴのガイドレールのガイド方式

表6.1　エレベーター走行音の低減対策方法

部位	項目	対策	効果
ガイド	ガイド方法	シューガイドとする（図6.25）	加振力の低減
ガイドレール	汚れ	極力除去する	
	継ぎ目	極力段差をなくす	
レールファスナー	支持位置	中間ビームから支持する	伝搬経路における振動低減
	接合方法	ボルト締めとする	
中間ビーム	接合方法	ボルト締めとする	

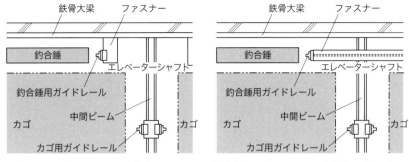

a) 釣合錘用ガイドレールの支持位置：大梁

b) 釣合錘用ガイドレールの支持位置：中間ビーム

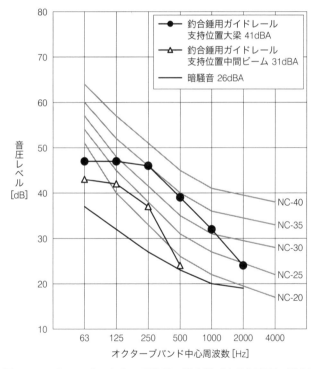

図 6.24 エレベーターからの固体音の測定例（ホテル客室で測定）

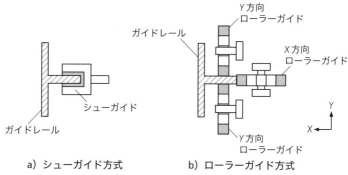

図 6.25　ガイドレールのガイド方式のイメージ

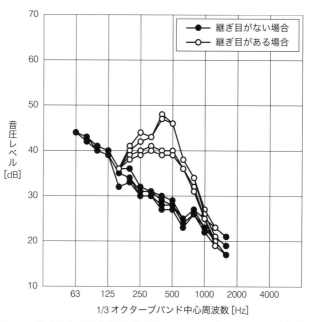

図 6.26　シューガイド方式釣合錘用ガイドのエレベーターにおける走行音の測定例

はローラーガイド方式が多いが、低層の集合住宅ではシューガイド方式も採用されている（図 6.25）。シューガイド方式の場合には、レールの継ぎ目を通過する際に図 6.26 に示すように「コーン」という衝撃的な音が発生することがある。この音を低減するためには、ガイドレールの継ぎ目の段差を極力なくすことが有効である。

また、直動式モーターによる巻上げ機を用いたエレベーターが設置されている古い建物では、近接した居室において固体音がクレームになることがある。しかし、近年はインバーター制御による方法が用いられ、さらに巻上げ機を防振支持することでクレームにならない程度にまでエレベーター巻上げ機の音は低減されている。

6.9 駐輪設備の音

6.9.1 発生音の特徴

大規模な集合住宅では、専用の駐輪設備が設置されることが一般的になっている。駐輪設備には、次のような方式がある。

- 前輪をスタンドに入れ込むタイプ
- 高さが異なるスタンドを交互に設置して前輪をスタンドに入れ込むタイプ
- スタンドラックが横に移動するタイプ
- 2段式で上段へは斜めラックに乗り上げてから持ち上げて設置するタイプ
- 2段式で上段へは垂直稼動で設置するタイプ

駐輪設備から発生する音と振動は、スタンドラックを横にスライドする際や2段式上段ラックを昇降する際に大きい。住戸へ伝搬する音の多くは固体音であり、駐輪設備と住戸との位置関係によっては空気音としても伝搬する。

6.9.2 防止設計法

2段式の駐輪機が設置されている1階駐輪場直上の住戸居室において、上段ラックの昇降および下段ラックの横移動時の固体音を測定した結果を図6.27に示す。

この事例では、上段ラックの昇降音のレベルは35dBA、下段ラック横移動のレベルは31dBAであった。

また、図6.28は駐輪機からの固体音と空気音の両者が影響する場合の測定例である。1階の駐輪場に設置された2段式の駐輪機で自転車を上段ラックへ押し上げる際に、その斜め上の2階住戸居室の発生音レベルは

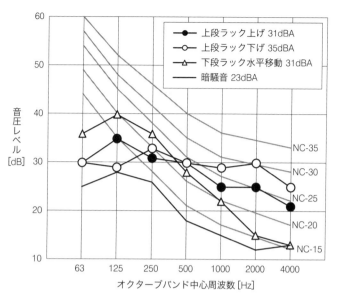

図 6.27　駐輪場の稼働音の測定例（固体音のみ）

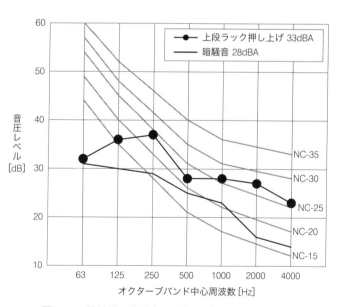

図 6.28　駐輪場の稼働音の測定例（固体音＋空気音）

33dBA であった。

なお、駐輪場からの固体音をほとんど聞こえないレベルまで低減するには、駐輪場の床を図 6.29 に示すような浮き床構造にする必要がある。

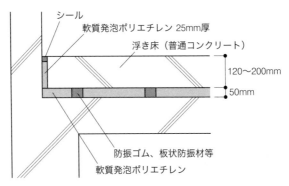

図 6.29　軟質発泡ポリエチレン浮き床の例

6.10 機械式駐車設備の音

6.10.1 発生音の特徴

　近年、機械式駐車設備を建物内に設置する集合住宅が増加している。機械式駐車設備には様々な形式があるが、高層の集合住宅では機械式駐車設備が建物のコア部分に設置される形式が一般的であるのに対して、中・低層の集合住宅では地下空間に設置される形式が採用されることが多い。駐車設備の稼動時に発生する音の対策方法については、それぞれの形式や振動発生部位に対応して適切に施すことが必要である。

(1) 建物のコア部分に設置される形式

　機械式駐車設備が建物のコア部分に設置される場合には、居室との間に共用廊下などが介在する。この結果、空気音が問題となることはほとんどなく、相対的に固体音の影響が大きくなる。

　垂直循環式の屋内機械式駐車場では、図 6.30 の左図に示すように駆動部および本体の鉛直荷重を建物上部の躯体で防振支持させるのが一般的であり、耐震上の対応から非常に堅い防振ゴムを採用して、それにボルトを貫通して固定する方法がとられる。

　その結果、駆動部の振動およびパレットが振れ止めガイドに衝突するときの振動等が支持部、振れ止め部から建物躯体に伝搬し、隣接居室に体感振動が伝わるとともに、壁・天井・床から固体音が放射される。

(2) 建物の地下部分に設置される形式

　機械式駐車設備が建物の地下部分に設置される場合の断面図の例を図 6.31 に示す。一般的に、ターンテーブル部等を含む乗降（入出庫）部、昇降部および水平循環部で構成されるが、この形式は駐車場の直上や横に住戸居室が配置されることが多く、乗降部、昇降部、水平循環部のすべてからの固体音が影響を及ぼすことになる。

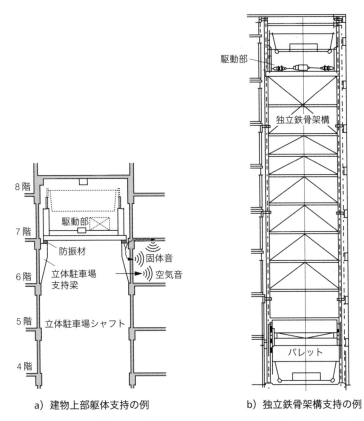

a) 建物上部躯体支持の例　　b) 独立鉄骨架構支持の例

図 6.30　垂直循環式機械式駐車場の例

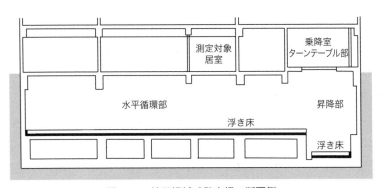

図 6.31　地下機械式駐車場の断面例

振動と音の発生源としては、乗降室の扉の開閉、ターンテーブルの駆動部、ターンテーブルパレットの着床部、昇降装置の駆動部、水平循環部の駆動部、レール継ぎ目、パレットの収納位置への乗り移り部などが挙げられる。また、各装置の起動時および停止時には衝撃性の振動・音が発生する。さらに、車を搭載した状態では荷重条件がアンバランスになるため、振動・音は大きくなる傾向がある。

6.10.2 防止設計法
(1) 建物のコア部分に設置される形式
図 6.32 は、建物上部の躯体で支持した場合と図 6.30 の右図に示すように建物躯体とは別に設けた独立鉄骨架構を設けその上部で支持した場合の同規模の機械式駐車場において、隣接居室に発生した稼動音を比較して示したものである。

独立鉄骨架構支持の場合、稼動音は顕著に低減されており、垂直循環式の機械式駐車設備における低減対策として有効な方法といえる。

なお、独立鉄骨架構支持とする場合は、図 6.33 に示すように、架構の振れ止め部は建物躯体から接しないように隙間を開けて設置することが重要である。また、低層階住戸に対しても低減対策が求められる場合には、図 6.34 に示すような脚部の防振支持が必要である。

なお、エレベーター方式の機械式駐車場の場合でも、基本的には垂直循環式と同様の対策方法を採用してよい。

(2) 建物の地下部分に設置される形式
機械式駐車場設備メーカーでは、装置や架構下には硬い防振材を採用しており、わずかな防振効果しか得られていない事例も見受けられる。装置や架構側の防振支持だけによる対策を行う場合には、防振系の固有振動数が 10Hz 以下となるように防振材を選定して防振支持する必要がある。また、防振効果は設置部位の剛性に大きく依存するが、地盤に直に接している基礎底盤であれば 20dB 程度の防振効果を実現できる。一方、地盤に直

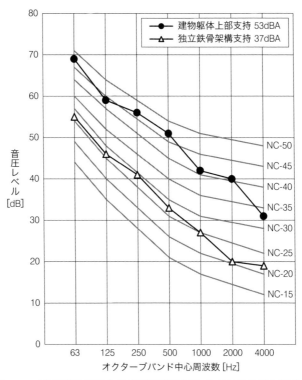

図 6.32　垂直循環式機械式駐車場隣接居室における発生音の測定例

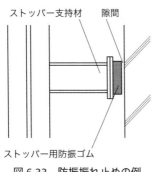

図 6.33　防振振れ止めの例

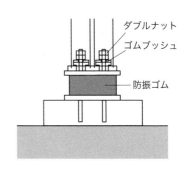

図 6.34　脚部の防振支持の例

に接していない床スラブの場合は防振効果が低下するので、最低でも250mm以上を確保する必要がある。

　低減対策方法は、機械式駐車設備メーカー、装置形式、設置躯体の剛性、居室との位置関係等によって異なる。基本的には装置側の防振支持は不可欠であり、発生振動が大きく居室が近い場合には、基本的な装置側の防振支持に加えて、装置を設置する床を図6.35に示すような防振ゴムによる浮き床構造とする必要がある。

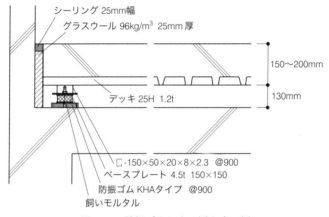

図6.35　防振ゴムによる浮き床の例

　これらの防振対策により固体音の影響を低減した後には空気音の影響が表れてくるため、その対策も必要になる。その低減方法としては、駐車場の天井スラブ下に15mm厚の石膏ボード2枚をジョイント位置を変えて重ね貼りし、空気層内にグラスウール24K 50mm厚を挿入した天井を施工する方法が挙げられる。これにより、空気音のレベルを10dB程度低減することができる。

　以上のような装置側の防振支持、浮き床構造の採用および天井の空気音の低減対策を施した集合住宅駐車場の直上居室における稼動音の測定例を図6.36に示す。ターンテーブル、昇降装置、水平循環装置の稼働音のレベルは、それぞれ31dBA、31dBA、36dBAとなっている。

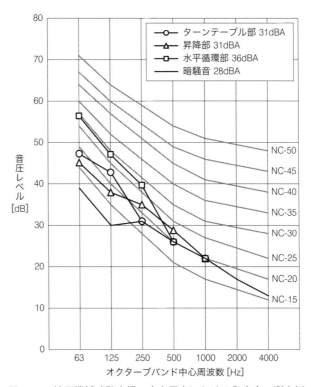

図 6.36 地下機械式駐車場の直上居室における発生音の測定例

6.11 電動シャッターの音

6.11.1 発生音と特徴

市街地に建つ集合住宅では、地下あるいは1階駐車場の出入り口に電動型シャッターが設置されることがある。この場合、シャッターの開閉時に発生する騒音・振動がクレームとなることがある。特に、シャッターの開閉は一般的に早朝と深夜に行われるため、クレームになりやすい。

6.11.2 防止設計法

電動型シャッターは発生音と振動のいずれも大きいが、一般的には住戸のバルコニーによって減衰するため空気音による影響は比較的小さく、振動に起因する固体音の影響が大きい。したがって、低減対策は振動の発生を小さくすることと、振動をできるだけ支持躯体に伝搬させないようにすることが基本となる。

振動の発生を小さくする方法としては、①シャッターボックス内にある減速器のギアを研磨することでギアの噛み合いによる振動を低減すること、②ガイドローラーを樹脂製とする、あるいはガイドレールのガイドローラー走行面にゴムシートを貼り付けることでガイドレールに発生する振動を低減することが挙げられる。

また、支持躯体への振動の伝搬を抑えるには、図6.37に示すようにモーター・減速器・シャッタードラムが収められたシャッターボックスを躯体から防振支持する必要がある。

これらの防振対策を実施した集合住宅において、シャッターの直上に位置する2階住戸寝室における発生音を測定した結果を図6.38に示す。対策実施前後で比較すると、対策前は1000Hzで顕著に卓越する周波数特性を示しているのに対して、対策後は顕著に低減されており、シャッター開閉

音のレベルはほぼ暗騒音と同程度まで低減した。

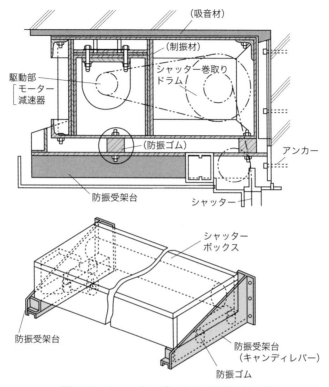

図 6.37　シャッターボックスの防振支持の例

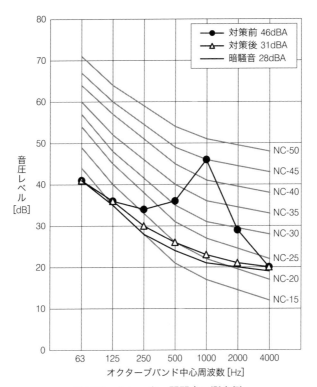

図 6.38　シャッター開閉音の測定例

コラム⑩

気になる純音成分の設備系騒音

　集合住宅の居室では、電気室に設置された変圧器の「ブーン」という音が聞こえる場合があります。この音は、ある特定の周波数（関東では100Hz、関西では120Hz）の音が顕著に大きい純音成分の音といわれています。ポンプおよびポンプに接続された配管系からの固体音でも同様の音が聞こえます。

　純音成分の音は小さな音でも感知されやすく気になる音であり、給水ポンプのように動いたり止まったりする機器の場合には、急に音が聞こえたり消えたりするので特にクレームに結びつきやすいといえます。

　また、純音成分の音は居室の場所によって音の大きさが大きく異なるため、立った位置では聞こえないのに床に近いと聞こえるといったこともあるので、この点も対応を難しくしている要因です。

　上記の特徴から、純音成分の音に対しては、一般的な推奨値より厳しく対応することが遮音設計のポイントです。

コラム⑪

暗騒音によって音の聞こえ方は変わる

　居室にポンプからの 25dBA の音が伝わっている状況において、通常の窓サッシから入ってくる屋外騒音が 35dBA の場合には、ポンプの音は屋外騒音にマスキングされて（隠されて）ほとんど聞こえません。

　一方、遮音性能が高い窓サッシで屋外騒音が 20dBA となる場合には、ポンプの音が屋外騒音よりも大きいのでよく聞こえる状態になります。

　この例では、ポンプから伝わる音が対象音、窓サッシから入ってくる屋外騒音が暗騒音になりますが、対象音が聞こえる度合は暗騒音の大きさによって変わります。さらに、聞こえる度合は、暗騒音が定常的な音か変動的な音かによっても変わります。

　暗騒音によって音の聞こえ方が異なることは、騒音防止設計において基本的かつ重要な事柄です。

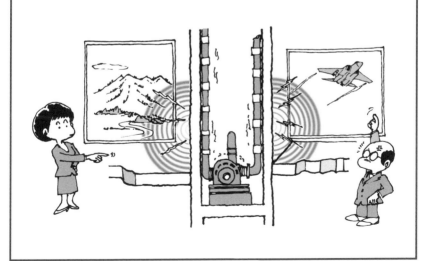

参考文献

1) 日本建築学会編『集合住宅の遮音性能・遮音設計の考え方』日本建築学会、2016 年
2) 日本建築学会編『建築物の遮音設計基準と設計指針［第二版］』技報堂出版、1997 年
3) 日本建築学会編『建物の遮音設計資料』技報堂出版、1988 年
4) 日本建築学会編『建物の床衝撃音防止設計』技報堂出版、2009 年
5) 日本騒音制御工学会編『騒音制御工学ハンドブック』技報堂出版、2001 年
6) 日本騒音制御工学会編『建築設備の騒音対策』技報堂出版、1999 年
7) 田野正典・中川清・縄岡好人・平松友孝『建築と音のトラブル』学芸出版社、1998 年
8) 日本音響学会編『新版 音響用語辞典』コロナ社、2003 年
9) 日本建築学会編『建築学用語辞典 第 2 版』岩波書店、1999 年

[編者]
NPO法人建築音響共同研究機構
建築音響や騒音、振動の技術分野に関する情報の発信やネットワークの構築、さらにはノウハウの提供などの普及啓発を目的として2013年に設立され、現在25名の会員で構成されている。主な会員は大学名誉教授を含む教員とゼネコンの音響研究者であり、音響技術向上のための情報発信および講習会や見学会の開催による教育授業などを主体に活動を行っている。

[著者]

安藤啓（あんどう・けい）·· II部冒頭解説
株式会社安藤環境コンサルタント代表取締役。1970年鹿島建設株式会社入社、技術研究所勤務。2011年より現職。博士（工学）、環境計量士、日本騒音制御工学会認定技士、NPO法人建築音響共同研究機構理事長。

中川清（なかがわ・きよし）·················· 3章3.3、5章5.3、5.4、5.5、コラム1、2、5、8
音工学研究所代表。1974年清水建設株式会社入社、研究所勤務。2012年より現職。博士（工学）、一級建築士、日本騒音制御工学会認定技士、NPO法人建築音響共同研究機構理事。

縄岡好人（なわおか・よしひと）··· 1章、3章3.1
音工房SANGEN代表。1974年株式会社大林組入社、技術研究所勤務。2012年より現職。博士（芸術工学）、NPO法人建築音響共同研究機構理事。

平松友孝（ひらまつ・ともたか）···························· 5章5.6、5.7、6章、コラム10、11
株式会社音環境研究所代表取締役。1975年大成建設株式会社入社、技術研究所勤務。2008年より現職。博士（工学）、一級建築士、一級管工事施工管理技士、日本騒音制御工学会認定技士、NPO法人建築音響共同研究機構理事。

益田勲（ますだ・いさお）··· イラスト、コラム6
日本交通技術株式会社顧問。1971年東急建設株式会社入社、技術研究所勤務。1999年より現職。博士（工学）、一級建築士、技術士（建設部門、応用理学部門）、NPO法人建築音響共同研究機構会員。

吉村純一（よしむら・じゅんいち）··································· 2章、コラム3、4
一般財団法人小林理学研究所理事。1976年小林理学研究所入所。2010年より現職。博士（工学）、NPO法人建築音響共同研究機構副理事長。

渡邉秀夫（わたなべ・ひでお）·· 4章、コラム7
株式会社音環境研究所技術部長。1969年戸田建設株式会社入社、技術研究所勤務。2004年より現職。博士（工学）、一級建築士、技術士（建設部門）、NPO法人建築音響共同研究機構会員。

綿谷重規（わたや・しげのり）·················· 3章3.2、3.4、5章5.1、5.2、コラム9
音響計画エンジニアリング代表。1974年株式会社フジタ入社、技術研究所勤務。2012年より現職。一級建築士、技術士（応用理学）、環境計量士（騒音・振動）、日本騒音制御工学会認定技士、NPO法人建築音響共同研究機構理事。

集合住宅の騒音防止設計入門

2017 年 9 月 15 日　初版第 1 刷発行

編者　NPO 法人 建築音響共同研究機構
著者　安藤啓・中川清・縄岡好人・平松友孝
　　　益田勲・吉村純一・渡邉秀夫・綿谷重規
発行者　前田裕資
発行所　株式会社 学芸出版社
　　　　京都市下京区木津屋橋通西洞院東入
　　　　電話 075-343-0811　〒600-8216
　　　　http://www.gakugei-pub.jp/
　　　　E-mail info@gakugei-pub.jp

装丁　　森口耕次
印刷・製本　モリモト印刷

© NPO 法人建築音響共同研究機構 2017　　　　Printed in Japan
ISBN978-4-7615-2654-2

JCOPY 〈(社)出版者著作権管理機構委託出版物〉
本書の無断複写(電子化を含む)は著作権法上での例外を除き禁じられています。複写される場合は、そのつど事前に、(社)出版者著作権管理機構(電話 03-3513-6969、FAX 03-3513-6979、e-mail: info@jcopy.or.jp)の許諾を得てください。
また本書を代行業者等の第三者に依頼してスキャンやデジタル化することは、たとえ個人や家庭内での利用でも著作権法違反です。